孩子的獨立與責任感，
完全來自父母的放手。

父母要學會放手

別讓孩子變媽寶

培育文化 生活成長 52

父母要學會放手：別讓孩子變媽寶

編著　張麗君
責任編輯　廖美秀
美術編輯　姚恩涵
封面/插畫設計師　蕭佩玲

出版者　培育文化事業有限公司
信箱　yungjiuh@ms45.hinet.net
地址　新北市汐止區大同路3段194號9樓之1
電話　（02）8647-3663
傳真　（02）8674-3660
劃撥帳號　18669219
CVS代理　美璟文化有限公司
TEL／(02)27239968
FAX／(02)27239668

總經銷：永續圖書有限公司

法律顧問　方圓法律事務所　涂成樞律師
出版日期　2015年6月

國家圖書館出版品預行編目資料

父母要學會放手：別讓孩子變媽寶 / 張麗君編著. -- 初版. -- 新北市：培育文化，民104.06　面；　公分. -- (生活成長；52)
ISBN 978-986-5862-59-6(平裝)
1.親職教育 2.子女教育
528.2　　104006455

第一章

給孩子真正的愛
讓孩子既有個性又不任性

第二章

讓孩子注重品德，提高修養

第三章

重視對孩子良好心理素質的培養

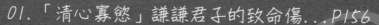

第一章

給孩子真正的愛，讓孩子既有個性又不任性

01. 關愛 V.S. 溺愛

當你用懷抱、用你的愛去擁抱孩子時，當你替他們解決了一切問題時，你是否想到了你的愛已變成了束縛孩子的枷鎖？

有一個很大的湖，湖中有一個小島，住著一個老漁翁和他的妻子。漁翁搖船捕魚，妻子養雞餵鴨，除了買些油鹽，他們很少與外界往來。有一年秋天，一群天鵝來到島上，牠們是從遙遠的北方飛來，準備去南方過冬的。老夫婦看到這群遠方來客，非常高興，因爲他們在這兒住了這麼多年，還沒有誰來拜訪過。漁翁夫婦拿出餵雞的飼料和打來的小魚招待天鵝，漸漸地這群天鵝就和漁翁夫婦成了朋友。牠們在島上不僅敢大搖大擺地走來走去，而且在老漁翁捕魚時，牠們隨船而行，嬉戲左右。冬天來了，這群天鵝竟然沒有繼續往南飛，牠們白天在湖上覓食，晚上在小島上棲息。當湖面封凍，牠們無法覓食的時候，老夫婦就敞開他們的茅屋讓牠們進屋取暖，並且給它們食物。這種關愛一直持續到春天來臨，湖面解凍。日復一日，年復一年，每年冬天，老夫婦都這樣奉獻著他們的愛心。有一年，他們老了，離開了小島，天鵝也從此消失了，不過牠們不是飛向了南方，而是在第二年湖面封凍的時候凍死了。這些天鵝就是在這對老夫婦的愛心中失去了生活自理的能力，當愛心遠離的時候牠們面臨的只有死亡。

在我們周圍這樣的事情真是太多了。一位母親為她二十三歲的兒子傷透了心，她不得不去找心理學家。

專家問：「孩子第一次繫鞋帶的時候打了個死結，你是不是不再給他買綁鞋帶的鞋子？」夫人點了點頭。

專家又問：「孩子第一次洗碗的時候，弄濕了衣服，你是不是不再讓他走近洗碗槽？」夫人稱是。

專家接著問：「孩子第一次整理自己的床鋪，整整用了一個小時，你嫌他笨手笨腳，對嗎？」這位母親驚愕得看了專家一眼。

專家又說：「孩子大學畢業去找工作，你又動用了自己的關係和權力？」這位母親更驚愕了，從椅子上站起來，湊近專家問：「您怎麼知道的？」

專家說：「從那根鞋帶知道的。」夫人問：「以後我該怎麼辦？」

專家說：「當他生病的時候，你最好帶他去醫院；他要結婚的時候，你最好給他準備好房子；他沒有錢的時候，你最好給他送錢去。這是你最好的選擇，別的我也無能爲力了。」

在母親無微不至的愛心中，孩子一次次地失去了學習自理的機會，最後連最起碼的生活自理能力也喪失了。他今後將如何來面對生活呢？

在這裡必須提醒各位家長：愛孩子，還是從培養他們的生活自理能力開始吧！

鷹媽媽在小鷹長到足夠大時，便會把墊在窩裡的一切柔軟的稻草羽毛都掀掉。樹枝上的刺會刺痛小鷹，小鷹本能地往邊緣蹭，鷹媽媽就會把小鷹推下去。爲了防止下落，小鷹拚命地揮動翅膀，結果小鷹的命保住了，也學會了作爲鷹基本的生存能力——飛翔。這個故事給了我們家長很多啓示。

當今的孩子從出生起父母便給予了無微不至的關懷，含在嘴裡怕化了，捧在手裡怕掉了。大人們一直在保護著他們，讓他們吃飽，讓他們穿暖，滿足他們的一切需要，每天爲他們遮風擋雨，希望他永遠不受任何的傷害。這些孩子們在享受大人無微不至關愛的同時，慢慢地以爲世界上就只有自己這一個圓，自己是中心，別人的愛是半徑，不管別人畫的多累，都覺得是應該的，自己只能享受別人的愛，卻不懂得去愛別人，這樣的孩子將來該如何在社會上生存？

其實，這些現象正是大人們所製造出來的，孩子們成了生活上的白癡。有些孩子上了小學還不會自己穿衣服、自己繫鞋帶、自己扣扣子。

當你用懷抱、用你的愛去擁抱孩子時，當你替他們解決了一切問題時，你是否想到了你的愛已變成了束縛孩子的枷鎖？你是否想到了這種愛也會變成一種傷害？你已經在不經意中折斷了孩子生存的翅膀，他們無法親自感受、體驗生活中的酸甜苦辣、成功與失敗，沒了想像的翅膀，沒了自由的空間，他們只是木然地享受，沒了慾望，也喪失了應有的創造力、想像力。他們的世界變得無力而蒼白。這樣的孩子就像在溫室裡長大的花朵，經不起任何風吹雨打。所以，明智的家長是不會這樣對待孩子的。

李嘉誠的二兒子，現在已成爲香港最具實力的英才，在談到自己小時候，家裡有很多輛車，但父親李嘉誠卻從來不讓自己的孩子坐私家車。他每天上學都要很辛苦地去擠公車。那時他年齡很小，個子很矮，常常擠不上公車，但父親從不動惻隱之心。他也曾怨恨過，現在想想卻非常感謝自己的父親，覺得是父親讓自己懂得了，在競爭中只有透過自己努力才能成功。

我們應該向鷹媽媽學習，給孩子們真正的愛，適時地給孩子們一些挫折，給他們一對生存的翅膀。我們應該向李嘉誠學習，給孩子們真正的愛，讓孩子懂得生活中總有些事情需要自己努力承擔才行。

父母愛自己的孩子，這是人之常情。父母的愛對孩子的健康成長起著很大的促進作用。那麼，家長要怎樣才能掌控好愛孩子的分寸呢？怎樣才算是真正的愛孩子呢？

要給孩子有理智的愛

這就是說，在愛孩子的過程中，要能自覺地控制自己的感情，克制那些過多的激情和衝動。前蘇聯著名教育家馬卡連柯的《父母必讀》一書中有這樣一段話：「子女固然會由於父母方面愛的不足而感受痛苦，可是，他們也會由於那種過分洋溢的偉大的感覺而腐化墮落。理智應當成爲家庭教育中常備的節制器，否則孩子們就要在父母最好的動機下，養成了最壞的特點和行爲了。」這段話講得十分深刻。

然而，我們有些父母，尤其是比較年輕的父母，在對待孩子的關係上，往往缺乏應有的分寸感。他們對待孩子往往是沒有原則的，不是過分地寵愛就是對孩子姑息遷就，任其發展；有的只知道想方設法去滿足孩子的衣錦食美，卻不懂得給孩子良好的精神食糧和思想教育。這樣勢必把孩子慣壞、寵壞。這種愛是盲目的、無益的。

關愛要與嚴格要求相結合

嚴格要求也是關愛孩子的一種表現。所謂愛之深，責之切，就是說，嚴格要求正是出於深切的愛。所以，做父母的不應該受盲目的愛所支配，要嚴中有愛，愛中有嚴。當然嚴格要求並不意味著對孩子訓斥打罵，而是要做到以合理爲前提。同時，態度應該是有耐心的，循循善誘的。

嚴格要求，對孩子來說，是很重要的。這是因爲，孩子們往往缺乏經驗，是非界限有時分不清，而且對自己情感和行爲往往也不善於獨立控制。如果家長對他們不嚴格要求，他們往往無法主動、自覺地學習和按行爲道德標準來做事。因而，父母對他們在思想和行爲上應嚴格的要求，使他們養成良好的思想和行爲習慣。

父母對子女一定要懷著帶有嚴格要求的關愛，千萬不要溺愛姑息孩子、過分地遷就孩子與寵愛孩子。一定要有理智，有分寸感。只有這樣，才能把孩子培養成爲有良好品行的優秀人才。

對孩子有理智、有分寸的愛，才是真正的愛。

02. 奢望下的揠苗助長

「讓孩子像野花一樣自然健康地成長」，尊重孩子的天性和自然生長規律，孩子才能夠像野花一樣茁壯。

《莊子》裡有這麼一個小故事：一天，魏王分別送給惠施和莊子一些葫蘆的種子，並對他倆說：「你們把這些種子拿去種，比比看你倆誰種的葫蘆大，種得大的我還有獎賞。」惠施和莊子都高興地領受了。

爲了能種出比莊子更大的葫蘆，惠施每天施肥、除草。莊子卻從不施肥、除草，只是常來看看。過了不多久，惠施的葫蘆苗一棵一棵地相繼死去，最後一棵也沒活成。而莊子的葫蘆苗卻長得格外好，慢慢地，都開了花結了果，而且都很大。惠施覺得很納悶，就請教莊子：「先生，爲什麼我那麼用心地栽培，所有的苗都死了；而您從來都不曾好好地管理，秧苗反而長得那麼好呢？」莊子笑道：「你錯了，其實我也是在用心管理，只不過與你的方法不同罷了。我用的是自然之法，我常去看看葫蘆苗在地裡是不是長得好，如果長得好我當然就不用去管它們了，讓他們自然生長。而你卻不管它們的感受，拚命地施肥，哪有不死的道理啊？」

對幼苗拚命施肥會讓幼苗夭折，對孩子施愛的方式不對也會影響孩子的健康成長。急功近利揠苗助長會傷害孩子，這個道理其實許多人都明白。但是實際生活中，卻仍有許多父母常常有意無意地遏制了孩子的天性，把成人世界的一些價值觀強加諸給孩子，傷害了孩子卻還不知道。關愛孩子，對孩子進行教育的方法有很多，其中自然結果就是一種很好的方法。

西方教育學家在幾十年前就曾意味深長地呼籲：「讓孩子像野花一樣自然健康地成長」，強調父母和教育者必須尊重孩子的天性和自然生長規律，孩子才能夠像野花一樣茁壯。

但願天下父母能夠從莊子育苗的自然之法中受到一點啓迪，用自然之法來關愛孩子，給他們一個自由、寬鬆的成長空間，讓孩子踏踏實實、健康快樂地成長。

然而，在現實生活中，很多家長卻對孩子懷有奢望與苛求，這就是違反自然規律。

家長對孩子的奢望具有以下特徵：只是家長的主觀願望，大多並非孩子的願望，有著強加性；會連帶出苛求行爲，具有強迫性；超出了家庭和孩子的本能條件；是孩子竭盡全力也難以達到的願望。

奢望是家長的主觀願望，苛求是把家長的這種願望轉移到孩子身上，強迫其接受並爲之奮鬥，因此孩子對奢望的內容可能感興趣、一時感興趣或根本不感興趣。不管是哪一種情況，只要是一經苛求就一律變成沒有興趣的事情，使奢望成爲空想，這是苛求反作用於奢望的主要形式。強迫孩子去做毫無興趣的事情，猶如牛不喝水強按頭，這樣做不但學習效果不好，而且不利於孩子個性和特長的發展，本來可能成爲某方面人才的孩子，卻因爲驢唇不對馬嘴的教育行爲而被毀掉了，結果事與願違。

希望自己的孩子成爲傑出人才是正確的，但重要的是發現他們的才能和特長因勢利導，或者成功地將自己的興趣影響並最終轉化爲孩子的興趣，在客觀條件允許的前提下創造機會，培養才能。

我們必須承認，人們的生活和受教育的條件，以及孩子生理、心理的發展水準是不平衡的。不接受客觀條件的差異性，不承認主觀能動的有限性，而是一味苛求自己，苛求子女，殫精竭慮地爲難以實現的奢望去努力，對孩子的進步和身心健康都是十分有害的。因爲這種超出孩子主觀能力範圍的要求和教育行爲，不但會給他們造成沉重的精神和學習負擔，使他們喪失對所學內容的興趣，厭倦學習生活，而且還會剝奪屬於他們的童年生活樂趣，大量侵佔他們的休息時間，使他們長期處於超負荷生活狀態，影響其身心發育，損害他們的健康。

03. 興趣V.S.不務正業

人的智能發展是不均衡的，都有智慧的強項和弱點，他們一旦找出了發揮自己智能的最佳點，使智力潛能得到充分的發揮，便可取得驚人的成績。

隨著生活水準的提高，獨生子女的人數越來越多，許多家庭將孩子的教育擺在極其重要的位置。學鋼琴、電腦、外語、繪畫，參加各類才藝班的學習等等不一而足，反正社會上流行什麼，就學什麼，也不顧孩子願意不願意，接受不接受，一古腦兒地想把孩子灌成一個大知識分子。這樣做的願望無可厚非，但必須注意的是，家長也不能忽略了孩子的天性、特長。諾貝爾化學獎獲得者奧托·瓦拉赫的成長過程極富傳奇色彩，對於家庭教育也不乏啓發作用。

瓦拉赫在開始讀中學時，父母爲他選擇的是一條文學之路，不料一個學期下來，老師給了他這樣的評語：「瓦拉赫很用功，但過分拘泥。這樣的人即使有完美的品德，也決不可能在文學上發揮出來。」此時，父母只好尊重兒子的意見，讓他改學油畫。可瓦拉赫既不善於構圖，又對色彩不敏感，對藝術的理解也不夠，成績在班上倒數第一，學校的評語更是令他難以接受：「你在繪畫藝術方面是不可造就的人才。」面對如此「笨拙」的學生，絕大部分老師認爲他成才已無望，只有化學老師認爲他做事一絲不苟，具備做好化學實驗應有的素質，建議他試學化學。父母接受了化學老師的建議。這下，瓦拉赫智慧的火花一下子被點著了。文學藝術不可造就之才，一下子變成了大家所公認的化學方面前程遠似錦的高材生。在同系學生中，他的成績遙遙領先。

瓦拉赫的成功，說明這樣一個道理：人的智能發展是不均衡的，都有智慧的強項和弱點，他們一旦找出了發揮自己智能的最佳點，使智力潛能得到充分的發揮，便可取得驚人的成績。

家長對孩子要做全面的瞭解和觀察，和學校教師一起從孩子的智力和非智力各方面進行瞭解，包括氣質、性格、脾氣，還要明白孩子的愛好，尤其是知識學習上的實際潛力。對孩子不能提出過高的要求和過高的期望，最好做到家長的期望、孩子的期望與孩子的實際潛能保持一致。遺憾的是，今天我們不少的家長不能結合孩子的天賦特長、興趣愛好來爲他們選擇成才之路，而是跟著別人亦步亦趨，跟蹤倣傚，不去著力尋找他們的潛能所在，影響了他們智能的充分發揮。

一座油田，厚薄不一，避開薄點從最厚處往下鑽，石油就會汩汩而出。因此，做爲家長更應該要借鑑瓦拉赫成功的經驗，多瞭解孩子，多研究孩子，找到油田的最厚處，掌握特長，合理誘導，才能水到渠成。在這方面，著名京劇大師梅蘭芳的做法非常值得稱道。

梅蘭芳從小就失去父母，童年十分淒苦。後來，他跟隨老師學京劇，更是冬練三九夏練三伏，從小就沒有享受過父母的呵護和關愛。因此，大伙都說他是在苦水裡泡大的。後來，梅蘭芳經過多年的刻苦努力，終於成為享譽國際聲望的藝術大師。他有了家庭，也有了孩子。但是，儘管生活好了，可是梅蘭芳明白這樣的一個道理：疼愛孩子並非表現在生活上的滿足和給予，更應在心理和人格上進行塑造，只有這樣，孩子才會健康成長。因此，儘管梅蘭芳在社會上赫赫有名，但是，在家中卻是一位和藹可親的好父親。

當時，戲劇界流行子承父業，也就是孩子也要從小就像父親一樣學習演戲，長大去當京劇演員。但是，梅蘭芳卻不這樣做，他極力主張父母不能為孩子選定將來的工作，而應充分尊重他們的天性和性格。而且，梅蘭芳特別反對當時許多戲劇演員不重視孩子上學讀書的陋習，主張應讓孩子去受教育。正是因為梅蘭芳有這樣的先見之明，因此，在他家中父母對孩子的「溺愛」就是全力地支持孩子到最好和他們最喜歡的學校去就學。並且，梅蘭芳還特別注重觀察和瞭解每一個孩子獨特的愛好和興趣，並在此基礎上，結合孩子的性格，幫助他們確立今後的生活和工作的方向。

他的長子梅葆琛生性穩重，樂於思考。於是，梅蘭芳便鼓勵他在理工科方面發展。後來，梅葆琛果然考上知名大學的建築系，日後終於成爲有名的建築師。

二兒子梅紹武伶俐活潑，文學思維發達。於是，梅蘭芳便於抗戰時送他去美國上文學系。今天，梅紹武早已是一位著名的翻譯家了。

梅蘭芳唯一的女兒梅葆玥則沉穩嫻靜，溫婉端莊。於是，梅蘭芳便鼓勵她大學畢業後成爲一名老師。

梅蘭芳最鍾愛的小兒子梅葆玖自幼心靈手巧，極具藝術家的特質，加上嗓音和形象俱佳，真是繼承梅蘭芳創立的梅派藝術的最佳傳人。但是，即使如此，梅蘭芳也並不急於讓他少年習藝，而是直到梅葆玖大學畢業，才讓他正式隨劇團學藝。正因爲此，今天，梅葆玖終於成爲極有修養和獨特魅力的表演藝術家。

梅蘭芳先生善於育子成才，經常有人向他請教培養子女的經驗。每當此時，梅蘭芳先生總是莞爾一笑，淡淡地說：「尊重孩子就像尊重觀眾一樣！」現在，有太多的家長，完全按照升學制度的方式去要求孩子，一點也不顧孩子的天性與心理需要，每天，家長把自己的需要強加給孩子，與孩子之間不斷產生摩擦和爭執，這樣的教育，恐怕要面臨的是更多的失敗。

興趣是最好的老師，家長適度地引導孩子的興趣和發展方向是正確的，但必須充分重視孩子本身的條件和意願，尤其是孩子的特長，只有這樣，才能使孩子得到最好的成長條件，得到最大的發展空間。在這方面，祖沖之的祖父就做得非常好。

祖沖之是南北朝時代南朝的天文學家。他所推算的圓周率比歐洲早一千多年。他編製的《大明曆》首先考慮到歲差問題的計算，對於日月運行週期的數據比當時的其他曆法更爲準確。然而，有誰能相信，這樣一位偉大的天文學家，小時候經常挨打，曾被斥責爲笨蛋、蠢牛呢！

祖沖之的父親祖朔之，是位小官員。他望子成龍心切。祖沖之不到九歲，父親就逼迫沖之去背誦深奧難懂的《論語》，讀一段，就叫他背一段。兩個月過去了，祖沖之只能背誦十多行，氣得父親把書摔在地上不教了，並且怒氣沖沖地罵道：「你真是一個大笨蛋啊！」

過了幾天，父親又把沖之叫來，教訓他說：「你要用心讀經書，將來才能做大官。不然，就沒有出息。現在，我再教你，你再不努力，就決不饒你。」

可是父親越教越生氣。祖沖之也是越讀越厭煩。他皺著眉頭，憤憤地說：「這經書我是說什麼也不讀了。」氣得父親額頭上的青筋都迸出來了，忍不住伸手打了祖沖之幾巴掌，打得兒子號啕大哭起來。父親口裡還不斷罵「笨蛋」、「蠢牛」、「沒出息」。

正在這時，沖之的祖父聞聲而來了。問明原因，就對祖朔之說：「如果祖家真是出了笨蛋，你狠狠打他一頓，就會變聰明嗎？孩子是打不聰明的，只會越打越笨。」沖之的祖父還嚴厲地批評朔之說：「經常打孩子，不僅不能達到任何好的作用，而且還會使孩子變得粗野無禮。」

祖朔之說：「我也是爲他好啊！他不讀經書，這樣下去，會有什麼出息。」

「經書讀得多就有出息，讀得少就沒有出息？我看不一定吧！有人滿肚子經書，只會之乎者也，卻什麼事也不會做。」沖之的祖父批評說。

「他不讀經書怎麼辦？」

「不能趕鴨子硬上架。他經書讀不來，說不定做別的事很靈巧呢！做大人的，要細心觀察孩子的興趣，加以誘導。」

祖朔之覺得父親的話有道理，並同意不把孩子硬關在書房裡唸書，就建議父親領沖之到他負責的工地上去開開眼界，長長見識。祖沖之隨爺爺到了工地，他處處感到新鮮，問這問那。有一次，祖沖之問爺爺：「為什麼每月十五的月亮一定會圓呢？」爺爺解釋說：「月亮運行有它自己的規律，所以有缺有圓！」祖沖之越聽越有趣，從此，經常纏住爺爺問個不停。爺爺便對沖之說：「孩子，看來你對經書不感興趣，對天文卻是用心鑽研，正好，咱們家裡的天文曆書多得很，我找幾本你先看一看，有不懂的地方再問我。」

祖朔之這時也改變了對兒子的看法。每天，教孩子讀天文方面的書，有時祖孫三代一起研究天文知識。這樣，祖沖之對天文曆法的興趣越來越濃了。

一天，爺爺帶沖之去拜見一個對鑽研天文很有成就的叫何承天的官員。何承天問沖之：「小兄弟，天文這東西研究起來很辛苦，既不能靠它發財，更不能靠它升官，你為什麼要鑽研它？」

祖沖之說：「我不求升官發財，只想瞭解天地的祕密。」

何承天笑道：「小兄弟，有出息。」

從此，十多歲的祖沖之經常找何承天去研究天文曆法。後來，祖沖之終於成爲了一名傑出的天文學家。

從現代素質教育的觀點來看，祖父對孫子沖之的教育是非常正確的。因材施教，看其興趣何在，就從哪兒作爲突破點，去啓發孩子，去引導孩子，去開拓孩子的一片藍天，必能獲得驚人的收穫。

但是，現在許多家長的做法卻也不可謂不令人擔憂，很多家長都迫不急待地望子成龍、望女成鳳，於是完全不關心孩子本身的興趣和愛好，只是一味地強調讓孩子學習，老師和家長雙方用作業壓孩子。甚至完全不顧孩子的興趣如何，強迫他們練琴、學畫，而對於孩子本身具有的興趣和愛好，則斥之爲不務正業而加以約束，這種做法是非常有害的。

04. 沒有壓力的親子關係

尊重孩子是家庭教育的首要原則，愛而不嬌，嚴而有格，寬鬆而不放任，自由而不放縱，則是家教的成功之道。

心理學家指出，與長輩平等，受長輩尊重，在孩子看來是難得的一種幸福。

從表面看來，這種垂手可得的幸福，似乎是所有的父母都可以給予孩子的。但事實卻不然。幾千年的封建思想傳給我們一條無形的鎖鏈，在我們今天一些做長輩的人身上留下了難於撫平的痕跡。似乎沒有了父母的特權，就會亂了章程，父母在家中似乎是真理、正確的化身。「因爲我們是父母！」成了很多家長不講理的藉口。

因爲我們是父母，在孩子面前就要居於特殊地位，因此就不能夠與孩子平等；因爲我們是父母，我們說的話就要孩子完全聽從，不容商議，不容探討，更不容反駁；因爲我們是父母，我們的說與做，是也是「是」，非也是「是」；因爲我們是父母，對孩子就可粗暴無禮，不顧孩子的自尊……

就是因爲這種在孩子看來不講理的思想，使得我們與孩子之間不交心，不通情。從這種現象上來看，我們有無上權威；而實際上，我們所掌握的只不過是孩子的軀體，而並不是掌握他們的內心。

育人如同育樹：「能順木之天，以至其性焉爾。」教育要尊重孩子的天性，盡量讓孩子自由發展。當然，我們強調父母要尊重子女，維護彼此平等的關係，也要把握住適度的原則，講究好分寸，才能取得良好的效果。

保持平等地位與主導權的分享

平等地對待孩子是尊重孩子的首要條件。家長要努力營造一種民主、和諧的家庭氣氛。在日常生活中，我們要允許孩子根據自己的意願進行選擇，鼓勵孩子自己作一些決策。比如問問孩子：「你想吃蘋果還是香蕉？」和孩子一起協商：「星期天你想怎麼安排？」等等。其次，要學會做孩子的朋友，多參與孩子的活動，多和孩子一起嬉戲玩耍，成爲孩子分享快樂的夥伴。另外，還要注意自己的言談舉止所帶給孩子的感受，經常與孩子保持一視同仁的談話，從一個簡單的動作表情到教育方式的運用上，都要表現與孩子之間的平等。

但強調平等，並不意味著可以忽視家長的主導作用。孩子年齡小，是非辨別能力差，時時處處都需要家長的悉心引導，才能進一步獲得有價值的經驗和知識，才能養成良好的行爲習慣。但家長的這種主導作用不是透過強制性的方式來表現。而是要針對孩子的特點，注意以委婉的方式，循循善誘。

保持孩子自由發展與遵守規範的平衡

每一個孩子都有其自身成長的規律，只有尊重這一規律，給孩子充分的自由發展空間，才能帶動孩子內在發展的積極性，發揮其主動性，更好地促進孩子的身心健康發展。在家庭中，只要無礙孩子的健康、安全和他人利益的活動，都可以讓孩子盡情探索、自主選擇、自由創造。

當然，尊重孩子的自由需求並不等於放任孩子。俗話說：「沒有規矩，不成方圓。」只有自由與規範相結合的教育，才是真正有利於孩子的身心健康發展。因此，在給孩子自由時一定要有相應的規則與約束。比如，在家裡，要讓孩子知道各種用品、玩具都有固定的擺放位置，使用後應物歸原處；每日飲食起居也要有一定的規律，按時就寢，按時起床。在規範孩子行爲時，要給孩子說清道理，使孩子自覺自願地接受規範。

孩子的興趣與家長的要求的協調

興趣是孩子認識事物的內驅力。孩子一旦對某個事物產生了興趣，就會走向它、注意它，並且積極主動地去探求它。因此，家長只有尊重孩子的興趣，善於啓發引導，才能最大限度地發揮孩子的潛能，才能得到更好的教育效果。

尊重孩子的興趣，並不是說家長不能對孩子提出要求。特別是處於學齡前期的孩子，他們的興趣往往帶有很大的情境性，受偶然因素的影響較大，穩定性較差，興趣來得快，去得也快。爲此，家長在尊重孩子選擇的同時，還要幫助孩子形成較爲穩定的興趣。另外，由於孩子判斷能力差，有時也會染上一些不利於他們身心健康發展的興趣，這時就需要家長及時給予提醒，及時給予糾正。爲此，家長應及時發現孩子的消極興趣，並在講清道理的基礎上進行嚴格的教育，從而使孩子防患於未然，走上健康成長的道路。

05. 像超人一樣的爸爸

一個稱職的父親，不僅要能提供給孩子適宜、安全的成長環境，更要做好孩子的教練，教會他們書本上學不到的東西，為他們的未來打下穩定的基礎。

心理學家指出：母愛可使子女身體和情感得到健康的發展，父愛的功能則表現在教會孩子怎樣應付和解決他們遇到的各種人生問題。母愛代表著人性和社會生活情感方面，父愛則往往象徵著事業、思想、秩序、冒險和奮鬥，代表的是理性方面，其主要表現在對孩子成就感的培養上。孩子在學校的學習成績和學習能力也與父親有關。

據有關機構調查顯示，如果有一個好的父親，則孩子在數學和閱讀理解方面的能力就會比較高，在人際關係上會較有安全感，自尊心也比較強，很容易與人相處。

所以孩子最理想的人格是同時兼具了父愛和母愛兩方面的親情。現在較為普遍的問題是，一些做父親的往往忽視甚至放棄自己的教育責任，致使孩子所受的父性教育嚴重不足。這樣的孩子容易形成所謂的偏陰性格，即脆弱、膽小、多愁善感、依賴性強、獨立性差。父親應積極投入，這樣才有利於培養孩子健康人格和自主能力，使孩子更好地適應現實世界和未來社會。

有人說：「一個父親勝過一百個教師」，因此，孩子的成長、人才的培養，父親絕不能袖手旁觀！那麼，怎樣做一個好父親呢？

充分認識父親在生活中對孩子的影響力

◆父親是孩子遊戲的重要夥伴。在家庭生活中，相對於把更多時間花費在照料孩子生活細節上的母親，父親有更多與孩子一起遊戲的機會。父親用觸覺、肢體運動的遊戲把孩子舉得高高的，來回盪，或繞圈圈。這些大動作、激烈的身體遊戲使孩子快樂地咯咯大笑。

心理學家發現，孩子在頭三年內與父母形成不同的關係類型，悲傷時，他大多會到母親那兒去尋求安慰；而想玩時，則會想到父親。孩子在散步、遊戲時，喜歡和父親在一起。二十個月時，父親就成爲孩子的基本遊戲夥伴；三十個月時，則成爲主要找尋的遊戲夥伴。二十個月的幼兒對父親所帶動的遊戲明顯地感興趣，反應積極。三十個月的幼兒能興奮、激動、投入、親近、合作而有興致地和父親一起遊戲，他們會把父親視爲第一遊戲夥伴來選擇。

◆父親是孩子形成積極個性的重要源泉。現代社會，良好的女性特徵得到社會的推崇，即會關心人、體貼人，有良好的同情心、善意；而良好的男性特徵，即獨立、自主、堅強、果斷、自信、與人合作、有進取心等也是社會對人的要求。

父親對孩子良好個性的形成具有極大的促進作用，是孩子良好個性的重要源泉。父親通常具有獨立、自信、自主、堅毅、勇敢、果斷、堅強、敢於冒險、勇於克服困難、富有進取心、富有合作精神、熱情、外向、開朗、大方、寬厚等個性特徵。孩子在與父親相處的日常生活當中耳濡目染，一方面接受影響，並且在不知不覺中學習、模仿；另一方面，父親也會在自覺或不自覺當中要求孩子具有以上特徵。如果孩子在五歲之前失去父親，對他的個性發展會非常不利。孩子年齡越小，影響越大。沒有父親的孩子會缺少克服困難的勇氣，具有較多的依賴性，缺乏自信，進取心，同時在衝動的控制和道德品格發展等方面也會受到削弱。

◆父親是孩子社交技能提升的重要源泉。父親參與孩子的教養、與孩子交往對孩子社交需要的滿足、社交技能的提升也是具有極其重要的作用。

母親由於家務負擔重以及性格等原因以及沒有父親那麼多閒暇和機會去進行交往。

而隨著孩子漸漸長大，學會說話、走路，獨立性、生活自理能力的增強，與外界交往的需要也日益增多，要求擴大交往範圍與內容，不再滿足於以往的交往方式與圈子，因此父親成爲孩子重要的遊戲夥伴，擴大了孩子的社交範圍，豐富了孩子的社交內容，滿足了孩子的社交需要。同時，父親和孩子的交往使孩子掌握更多、更豐富的社交經驗，掌握更多、更成熟的社交技能。當孩子在和父親的遊戲中反應積極、活躍時，在和同伴的交往中也較受歡迎。因爲父親影響了他的交往態度，使他喜歡交往，在交往中更加積極、主動、自信、活躍。

另一方面，父親在與孩子的交往遊戲中，大多採用平行、平等的角色，採取積極、鼓勵的態度，較少給予制式刻板的教導，給孩子更多的操縱、掌握遊戲過程的機會，這些都有助於孩子學會更多的社交技能，特別是如何注意、識別、正確理解他人的情感、社會信號，學會運用、調整自己的行爲反應，並且以此影響他人的行爲。

◆父親是孩子性別角色正常發展的重要源泉。在兒童性別角色發展中，父母都起著一定的作用，但是父親的作用似乎更大一些；尤其是對男孩子，作用、影響更大。嬰兒期缺少父親角色，對男孩性別角色發展不利，影響尤其大。但同時，女孩性別角色行爲也會受到影響。

父親積極地和孩子交往，有助於孩子對男性、女性的作用與態度有一個積極、適當的理解。研究顯示，男孩在四歲之前失去父親，會使他們缺乏反擊的能力，在性別角色中傾向於女性化的表現——喜歡非身體性的、非競賽性的活動，如：看書、看電視、聽故事、猜謎語等。女孩性別角色的發展也會受到父親的影響。女孩在五歲之前失去父親，在青春期與男孩交往時往往會表現得焦慮、不確定、羞怯或者無所適從。

◆父親是孩子認知發展的重要源泉。由於父親性格、能力等方面的獨特性，使孩子從母親和父親處，所得到的認知上的收穫是不完全相同的。從母親那兒，孩子可以學到語言、日常生活知識、物品用途、玩具的一般使用方法。但從父親那兒，則可以學到更豐富、廣闊的知識，更廣泛地認識自然、社會，並透過操作、探索、花樣變換多樣的活動、玩法，使孩子逐步培養起動手操作能力、探索精神，刺激、豐富孩子的想像力，培養孩子動腦、創造意識，開發孩子旺盛的求知慾和好奇心。這對孩子的認知發展都是十分重要的。父親多與孩子接觸，能日益提高孩子的認知技能、成功動機和對自己能力、操作的自信心。

要做好孩子的教練

人們只想怎樣保護他們的孩子，這是遠遠不夠的。我們應該教他成人後如何保護他自己，教他如何承受命運的打擊，教他不要把富貴和貧困看成生命中的唯一，教他能夠忍受種種生活的考驗。一個稱職的父親，不僅要能提供給孩子適宜、安全的成長環境，更要做好孩子的教練，教會他們書本上學不到的東西，為他們的未來打下穩定的基礎。

做好教練的前提是與孩子共同準備好一切。只要認定這是為你好就會堅持下去，而較少考慮孩子的感受，這在很大程度上束縛了孩子的創造力和想像力，也使他們較少有民主意識。其實作為父親，最重要的是處理好和孩子之間的溝通，與孩子保持健康良好的關係。孩子想要做些他喜歡的，覺得有意義的事，這需要父親的支持和鼓舞。以下幾點值得父親們注意：

◆傾聽。可能有時你並不同意孩子天真的想法，但你應該尊重他們，讓他們把話說完。很多事物在孩子生活中顯得很重要。當你對他們的行動給予認可的時候，他們會感覺到你的支持。許多時候，並不需要做父親的說多少話，需要的只是靜靜地傾聽，然後適度地提醒。

◆講道理。當有些問題需要爭論的時候，也要與孩子們以協商的態度來解決。有些事在你決定之前，應事先與他們打招呼。當否定孩子的問題時，應該有一個令人信服的理由，不能毫不講理地說：「因爲我就是這樣認爲的。」

◆做事有規可循。沒有規矩，不成方圓。孩子們有些行爲出乎你的意料，那可能是你平時沒有跟他們說清楚，對他們的行爲沒有一個基本的規範。身爲父親，你應該對他們的行爲做出正確的指導，一旦你的孩子行爲不當，你就應該耐心地教育他們，不能毫不留情地責備他們。

◆做孩子的榜樣。生活中最重要的是做，而不是說。你的孩子們需要你在每一天的生活中做出榜樣。做父親的不僅應該爲人正派、上進，更要以民主的態度對待孩子，以自己的行爲告訴他應該怎樣爲人處事。如果你做錯了事情，你應該向他們道歉，這是維護父親形象的最好辦法。

◆不自我逃避。你的孩子可能會做錯一些事情，這時作爲父親的一定要和孩子在一起，共同分擔壓力，彌補過失。

做爲孩子的教練，應該在很多事情上都想在前面。你不僅要幫助他們練好技術，練好身體，更要使他們有良好的心態，有堅強的性格，有寬容的精神，父親的一舉一動都在潛移默化地影響著孩子的成長。你這個教練稱職與否，直接關係到孩子性格的形成和智力的開發。

06. 甜蜜的幸福感

家長必須認識到，對於孩子來說，幸福不是你送的玩具，也不是你給他買一櫃子的衣服。

心理學家指出，事實上，每個孩子在成長過程中，都需要依次建立兩種幸福感：首要幸福感和次要幸福感。

首要幸福感，指的是孩子對父母的愛完全確證，是明確地、毫無疑問地堅信，父母永遠無條件地愛自己。這個幸福感的完全建立是在三歲左右。首要幸福感一旦確立，終生不會動搖。

次要幸福感，指的是孩子在日常生活中所獲取的快樂，如，玩積木、玩遊戲、吃好吃的東西等。

首要幸福感牢固的孩子，內心的快樂不會受到日常生活高低起伏的左右。遇到挫敗時，不會喪失自信心，不會一蹶不振。首要幸福感不牢固的孩子，次要幸福感也很難健全。他們內心的快樂，過度依賴於外在的成就：是否馬上得到自己想要的玩具、食品，老師是不是喜歡我等。

因此，父母要隨時隨地讓孩子感覺到父母的愛，做個永遠快快樂樂的孩子。父母別忘了每天都要把幸福感這份禮物送給孩子，具體的做法可參考如下建議：

讓孩子無拘無束

不受時間限制地去觀察各種昆蟲、爬樹採果子、看蜘蛛織網，都能給孩子帶來生命的驚歎，啓發他們用自己的方式探索世界。爸爸媽媽爲什麼不放下你們手中的工作，從排得滿滿的工作裡走出來一會兒，和孩子一起追尋這種快樂？

帶著孩子接觸大自然

和孩子一起去爬山，或者一起在公園裡玩，和孩子一起騎車，都可以讓孩子更健康、更茁壯，還能讓孩子擁有更多的歡笑。經常運動能讓孩子身心放鬆，能讓孩子擁有健康的體魄，也能讓孩子因爲自己能完成一些體育運動而獲得自豪感。

多讓孩子大笑

跟孩子講笑話、唱兒歌，告訴孩子自己遇到的有趣的事，因爲大笑可以緩解緊張情緒，讓心靈有一次自由翱翔的機會。

有技巧地讚美

不要只對孩子說：「做得真棒！」比如說：「你在描述恐龍的樣子，就好像恐龍就在我的面前。」或者「我喜歡你這種畫樹的方法。」這遠比一句空洞的讚美要好得多。

對孩子微笑

對孩子微笑等於對孩子說：「我愛你！」在孩子身邊的時候，

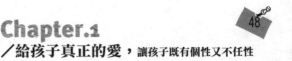

一定要擁抱他。專家指出，每天給一個人四次擁抱，僅是生存需要；給他八次擁抱，他能保持好的狀態；給他十六次擁抱，他才會成長。爸媽要記住，每次擁抱和微笑對孩子都是有好處的。

學會聆聽

沒有什麼比你能專心聽孩子講話對孩子更重要了，這表示你很關心他。如果孩子和你講話的時候，你正在做家務事，那麼請你停下來，把注意力轉移到孩子身上。另外，不要打斷他，讓他把話說完，即使這些話你以前已經聽過了。

適時地讓步

我們都希望自己的孩子是最好的，但有時當孩子做得不是很好，你想糾正時，就會不經意的傷了孩子的自信心。如果孩子擦過的地板，你再重新擦一次，你是在告訴孩子他做的不夠好。當然，讓孩子獲得生活技能是養育孩子的一部分，但那只是其中的一部分。要記住，你和孩子之間的情感交流，遠比關心餐桌上碗盤是不是放在正確的位置更加重要。

教他解決問題

從繫鞋帶到安全地過馬路，讓孩子掌握每一種技能，就是向獨立邁進了一個新的台階。當孩子遇到困難、被同伴取笑或者有問題讓他迷惑不解的時候，你可以透過以下幾個方式幫助他：告訴他問題是什麼；讓他描述一下他希望得到的結果；告訴他什麼樣的步驟能實現這樣的結果；判斷他是否能透過自己的能力達到目的；如果他需要幫助，要讓他相信他隨時可以得到幫助。

給孩子展現自己的機會

每個孩子在某個方面都有天才般的本領，爲什麼不讓他展現一下呢？他喜歡書嗎？你做飯的時候讓他讀給你聽；他對數字很敏感嗎？購物的時候，讓他幫你計算商品的價格。當你激發出孩子的積極性，並展現出你對他的表現很滿意時，你就開闢了另一條讓孩子更爲自信的道路了。

教孩子鑑賞他擁有的東西

告訴孩子他所擁有的玩具是什麼，怎麼玩，並且和他一起玩這些玩具。給他解釋為什麼不可能小朋友有什麼，他就有什麼。設計一些活動，比如：拿飼料餵小魚吃，讓他享受玩的過程，而不是注意花了多少錢。

允許孩子有厭倦情緒

孩子應該學會怎樣自娛自樂。讓孩子列出一個「我煩了的時候做什麼」的表格，然後貼在冰箱上，把他要的書、益智玩具、繪畫筆都放在他很容易拿到的地方。如果孩子還在抱怨他無事可做，你不妨建議他做一些家務事，比如：整理他自己的房間，可能他馬上就會發現新的好玩的事情。

07. 我說的你不聽V.S.你說的我不懂

代溝並不是一件壞事，假如你的子女和你的意見不一樣，你應該感到高興，因為他有變成獨立個體的需要，只要那種獨立是有理由的，只要他跟你的不同是有道理的，你都應該幫助他建立自我。

隨著社會變遷的迅速，使得兩代人的觀念、態度、行爲與習慣有著很大的距離，顯得格格不入。心理學家和教育學家將父母與子女兩代之間，在價值觀念、心理態度、道德認知、行爲規範、生活方式與思想習慣上的差距所形成的心理鴻溝，稱爲代溝。

父母常抱怨現在的子女太不尊重父母，而子女也抱怨父母太不瞭解兒女，使得原本和樂的家庭時起爭端。

父母和子女之間爲什麼會有代溝呢？心理學家認爲幼兒期所定型的人格，根深蒂固，在那時候所形成的行爲模式、生活習慣、思想觀念、心態性格等，不易做太大的調整，而造成自己獨特的個性。人類學家則認爲不同時期的文化觀念，有不同的精神規範，農業社會的文化、生活方式，與工業社會所適用的形式，畢竟是大不相同的。

那麼，怎樣正確地看待代溝呢？

首先我們應該承認這樣一個事實，代溝並不是一件壞事，反而代表著一種進步，我們對待它的態度不應是排斥，而應該是歡迎與接受。假如你的子女和你的意見不一樣，你應該感到高興，因爲他有變成獨立個體的需要，只要那種獨立是有理由的，只要他跟你的不同是有道理的，你都應該幫助他建立自我。

子女現在和你的意見不一樣，並不表示他永遠和你的意見不一樣，父母的職責，並不是阻止他的嘗試，而是關心他，讓他不要出了大問題。

父母與子女之間想法的不同，並不是我們人爲地去否定它，不理會它，這種差異就會消失了。存在差異是必然的，置之不理並不能解決問題。當子女與自己的意見不同時，我們只要把它當作是認知的不同，並不妨害親子之間的深厚感情。

我們採取的正確做法應該是進行良好的溝通。溝通是減少差距或誤解的唯一方法。當然，子女與父母之間的這條代溝由來已久，沒有必要，也不可能在一夜之間完全填平，要想做到兩全其美，實屬不易，看來只有相互謙讓點，因此一個能爲雙方接受的和諧之策便是：求同存異。

求同存異對於促進親子關係的和諧確實是一個上策，它不僅可以保留年輕人自以爲是的一些優點，也能在兩者之間尋找到對雙方有利的相處方式。

求同存異的基礎是理解，是相互之間情感和心理的溝通。在親子交往中，理解是爲了多設身處地爲對方著想，能做到將心比心。如果雙方都能做一次角色換位，扮演一下對方的角色，體驗一下對方的情感，就能很好地改變自己的看法，做出有利於親子間相處的行爲來。

求同存異還要求雙方有時能做到忍痛割愛，捨棄有礙親子相處的心理和行爲，實際上這是一種丟卒保車之舉，雖丟棄了自己的一點東西，卻求得了雙方的和諧。

求同存異的另一個要求是雙方要能主動尋覓共同語言，達到求同的目的。有些年輕人或長輩很重視和對方的雙向溝通，互通有無，例如：父母經歷多，見識廣，社會經驗多，這些可以透過與孩子的相處，傳承給他們。

而年輕人在科技發達的現代社會裡，也擁有一些頗具現代化特色的知識、技能，例如：電腦的使用，就可以由年輕人來指導長輩使用。

如果父母和孩子都能做到求同存異，做到理解對方，就非常有利於家庭關係的和諧。

08.「溺愛結惡果」V.S.「棍棒底下出孝子」

俗話說：「名師出高徒，嚴父出孝子。」在生活中，我們不難發現這樣一個有趣的現象：越不孝順的子女，父母越是從小就寵愛有加，孝順的孩子從孩提時代父母就對其較為嚴厲。

從現代心理學角度來看，父母寵愛孩子，會讓孩子誤以爲自己就是家中的老大，父母不僅要對他們言聽計從，還要柔順地巴結、恭維和討好他們。這樣久而久之，從襁褓到成人，歷經十幾個風霜雪雨，這種習慣、思維和觀念就會逐漸在子女的心中定型。長大乃至成家立業後他們會照樣對父母頤指氣使，不僅從未樹立起孝敬回饋父母之心，而且掠奪搜刮父母之心更盛。為何如此？皆因隨著年齡日增，慾望的胃口也會越來越大，在自己無力盡情滿足的情況之下，早就習慣於依賴父母的子女對父母的要求也就不斷增加。父母不僅不能獲得晚景安詳，還會變本加厲永無止境地貼補早已長大的孩子，稍一不順就會惹來子女的呵斥甚至打罵。

這就是所謂的習慣成自然，溺愛結惡果！這樣的孩子不孝的根源是否在父母身上？事實正是父母對孩子的溺愛造就了子女的不孝啊！

「棍棒底下出孝子」雖然說的有些絕對，但，嚴厲的父母調教出來的孩子大都是孝順的。為什麼？父母的嚴厲從小就在孩子心中生了根，高聳、權威、不可隨便挑戰，就成了孩子心中父母的形象。因此長幼、高下、尊卑在孩子的心裡已成定位，孩子就會自覺地依從父母，揣摩父母心思，迎合父母行爲，這一切就成了孩子們的習慣，這樣的孩子長大後就會自然而然地尊敬和孝順父母，想父母之所想，爲父母之欲爲就成了他們孝順的習性。這樣孝順的孩子其根源豈非也在父母身上？

很多家長都相信，只有嚴厲，才能教育兒女成才。但，家長對嚴格的理解各有不同：有的認爲嚴格就是兇，對孩子要給予好心而不能給予好臉，孩子只有害怕父母，才能教育好；有的認爲嚴格就是不聽話就給予打罵，贊成不打不成才的說法。這些認識都是不正確的，對當今的孩子採取這種做法是難以奏效的。

如果對孩子動輒打罵、訓斥，孩子就更不願意接近父母。孩子如果對父母敬而遠之或者既不尊敬、又不接近，更不願與父母交談，這就很難取得好的教育效果。至於打罵、體罰之類的行爲更和我們所說的嚴格要求水火不相融了。動輒打罵孩子的家長，不僅不能使孩子改正錯誤，反而使孩子的情感和心靈受到摧殘，變得冷漠、自卑和缺乏自尊心，甚至因忍受不了父母的打罵而離家出走，由此可見，對孩子實行體罰只不過是家長缺乏理智和束手無策的表現，是不可能起到嚴格要求的效果。

我們所說的嚴格要求是根據孩子的發展程度和年齡特點，以取得良好教育效果爲前提的。如果嚴格過了頭，就會走向反面，爲此家長必須遵循以下幾點：

◆父母提出的要求是合理的，是符合孩子實際情況，又有益孩子身心健康的。要求四歲的孩子跟在父母身後，走力所能及的路是可能的，但要求孩子與父母走得一樣快、一樣遠就不合理了。

父母提出的要求必須是適當的，是孩子經過努力可以做到的；若要求過高，孩子即使經過努力也無法達到，就會使孩子喪失信心，也就起不到教育效果。

◆對孩子的要求必須明確具體。要讓孩子明白應該做什麼，怎麼做，不能模稜兩可，讓孩子無所適從。

◆要監督孩子執行。父母對孩子的要求一經提出，就要督促孩子認真做到，不能說了不算數，或者做也行，不做也行，而是一定要讓孩子做到，否則就起不到教育效果。

09. 我想自己作主，我不要你管

叛逆期是大多數孩子生理和心理發展的必經階段，在此階段，孩子出現一些叛逆的表現是一種正常的現象，它是孩子自我發展的需要，孩子的否定行為證明了孩子已開始有自主意識，試圖瞭解周圍的環境，建立自己的好惡觀念，表達個人的需求。

在兒童的心理發展過程中，有一個比較特殊的發育時期，表現爲性情急躁，不聽話，不願讓別人干涉他們的事，心理學家稱這個階段爲叛逆期。

一向溫順聽話的孩子到了這個時期也會變得急躁、不聽話、調皮。這個時期的孩子最愛說的話就是「不」。

在這個階段，家長會遇到以下種種情況：拒絕父母的要求；和父母唱反調；不理睬父母；不要父母摟抱，不和父母親熱；不待在父母身邊，從父母身邊跑開，等等。

很多家長對此感到很困惑，以為孩子是在故意和自己作對。實際上，叛逆期是大多數孩子生理和心理發展的必經階段，在此階段，孩子出現一些叛逆的表現是一種正常的現象，它是孩子自我發展的需要，孩子的否定行為證明了孩子已開始有自主意識，試圖瞭解周圍的環境，建立自己的好惡觀念，表達個人的需求。這也是孩子尋求大人對他們尊重的一條途徑。他們也希望透過讓他自己來做某些事情，向大人展現自己已具備的能力，因為他覺得自己的能力已經很強了。因此，有人認為，將心理叛逆期說成自立期或自強期，也許會更為恰當。

雖然孩子有自我主張是孩子成長的表現，但如果家長處理不好，也會對孩子的成長產生不利的影響。如果對孩子過度限制和干涉，可能使孩子變得唯命是從，成爲一個沒有主見、唯唯諾諾的人。反之，如果家長明明知道孩子的做法是錯的，還一味遷就，這又無疑是在縱容孩子的不良行爲習慣。因此，家長需要把握好管教的分寸，運用一定的智慧和技巧，化解孩子的「反抗」，幫助孩子順利度過叛逆期。

瞭解孩子的心理，盡量尊重孩子的想法

家長應該明確，孩子說「不」，或者和你唱反調的時候，他不是針對你，也不是針對這件事，他只是想表達他有權利否定一些事情。因此，家長應該在要求孩子做事情的時候，學會尊重他們的想法，讓孩子們能夠暢通無阻地表達自己的想法，讓他們認爲自己是一個獨立的、可以有想法的人。另外，也應盡量滿足孩子的合理要求。

當孩子疲勞、飢餓或生病的時候，通常他們的情緒都較爲低

落，容易和父母作對，這時父母應理解孩子，不妨多寬容他們一些。

盡量使用迂迴戰術，避免給孩子正面教育的感覺

這個階段的孩子往往本能地反感被要求做這做那，喜歡自己「當家作主」的感覺。因此，家長希望孩子從事某種活動時，應該盡量迴避直接向孩子提出要求，而是使用旁敲側擊的辦法，引起孩子的興趣，讓他覺得是他自己想做的。如：你看到孩子玩積木時老做那幾樣，想教他做些別的，最好不要對他說：「你怎麼就會這幾樣，我們來個別的好不好？」而是若無其事、興致勃勃地跟他一起玩，他看到你玩得那麼好，自然會學著模仿著做的。你希望他練習寫字、畫畫時，可以找出他以前的一些作品，假裝難以置信的說：「這幅畫怎麼畫得這麼好！該不是你畫的吧！」孩子可能就會馬上得意地當場揮筆作畫，證明給你看。

將計就計、反其道而行之

既然孩子願意說「不！」家長不妨將計就計，順著孩子的心思，反著來要求孩子，說不定反而能起到事半功倍的效果。比如，今天下雨，想讓孩子穿上雨鞋，家長可以倒過來跟他說：「今天不要穿雨鞋吧！不然你會把漂亮的雨鞋弄髒的！」面對爸爸媽媽的反其道而行之策略，孩子往往會束手就擒，堅持按家長本來的意願去做。

使用自然後果處罰法

在一定的範圍內，可以運用孩子行爲後果本身，自然而然地懲罰他的行爲，比如小孩非要去按熱水瓶，你與其反覆警告他、嚇唬他，不如把瓶蓋打開，抓住他的手放在熱氣上，當他感到燙時，就再也不會去按熱水瓶了。

適當地說「不」

上述一些方法並不等於可以讓孩子爲所欲爲。在某些情況下，適當地說「不」，表現你堅定的態度和意志，向他提供學習服從的機會，因爲學會服從也是一種能力。

比如：孩子在超市裡大吵大鬧地要買這買那，不能因爲別人的眼光就讓他得逞。你可以把他帶出來，用平靜而堅定的語氣告訴他：「因爲你的表現很差，所以媽媽不能給你買。」

當然在你做出行還是不行的決定之前，要充分考慮到他的心理承受能力。

10.「不！我就是不要！」

頂嘴常常是孩子和家長意見不一致時產生的，所以這種語言常常帶有較強烈的情緒衝動，不足為奇。父母在鼓勵孩子發表不同意見的同時，還應該注意到孩子表達意見的方式和方法，要教會孩子心平氣和、有禮貌地表達，養成看事實、講道理的習慣，不能讓孩子形成對家長態度粗暴，措詞不尊敬、不禮貌的習慣。

隨著孩子逐漸長大，漸漸有了自己的想法，他對父母就再不像以前那麼聽話，與父母頂嘴的現象就會發生。如果孩子與父母經常發生頂嘴，就應該引起父母的注意。

現實生活中，孩子頂嘴是很普遍的現象。對待孩子的頂嘴不能隨意處置，應先進行一番分析，然後另行處理。孩子的頂嘴可分爲以下幾類：

◆提意見。例如：「你規定我要早早起床，那你爲什麼還在睡懶覺？」「你說不要挑食，你爲什麼不吃魚？」這類頂嘴反映了孩子對成人言行不一的不滿，他們明確的認識到成人對孩子和對自己使用了不同的標準。

◆思考問題。例如：「你說得不對！你說雞蛋裡沒有骨頭，那雞蛋裡的小雞不是有骨頭嗎？」這類頂嘴是孩子思考問題的結果，反映了孩子的思維也有一定的獨立性和批判性。

◆抗議。例如：「我又沒有做那件事，你說是我做的，那你有什麼證據？」這類頂嘴反映出孩子對成人的批評不服氣，對成人憑空斷定結論表示憤怒。

◆不講理。例如：「不！我就是不要！」這類頂嘴是孩子故意不執行成人的指令，是任性的表現。

孩子頂嘴的原因是多樣的，家長必須針對不同的原因，做出合理的處理方式。對於孩子的第一類和第三類頂嘴，家長應該先檢討自己的行爲，檢討自己的教育方法。孩子對家長的教育心服口服，教育才能收到最佳效果。對於孩子的第二類頂嘴，家長應該鼓勵，鼓勵他們獨立思考問題，善於發現問題，不盲目接受某種知識和更深入思考地對待別人的見解。對於孩子的第四類頂嘴，則應該嚴厲阻止，無理取鬧或明知無理還不聽管教，是絕不能允許的。

由於頂嘴常常是孩子和家長意見不一致時產生的，所以這種語言常常帶有較強烈的情緒衝動，不足爲奇。父母在鼓勵孩子發表不同意見的同時，還應該注意到孩子表達意見的方式和方法，要教會孩子心平氣和、有禮貌地表達，養成看事實、講道理的習慣，不能讓孩子形成對家長態度粗暴，措詞不尊敬、不禮貌的習慣。

孩子的發展是有共同性的，但也有其個性差異。那些對家長言聽計從、很少頂嘴的孩子最易討家長喜歡，但是這種孩子也許相對地少了一些獨立性。而那些凡事都要理解後才肯聽從命令、接受要求的孩子常常令人頭痛。但是，這些孩子也許有更多的創造性和叛逆精神。所以，如果家中有一個愛頂嘴的孩子，家長千萬不要苦惱，也不要盲目樂觀，要多花一點精力進行正確引導，最終使孩子成爲勤於思考、敢於假設、善於提問、有獨創性又有禮貌的人。

11. 乖乖聽話才是好孩子？

只強調「聽話」容易培養出兒童的奴性，使其毫無獨立性，對所有問題缺少個人見解，對邪惡勢力無力抗爭，以至人格扭曲，成為問題兒童。

我們的孩子最大的缺點是獨立性差和膽小。然而，從現代教育的眼光來看，我們應當重新審視這種使用頻率最高的家庭語言。

曾經在某兒童教育雜誌中看到這樣幾句話：「頑皮的男孩是好的，頑皮的女孩是巧的。」「聽話兒童是問題兒童。」

爲什麼說「聽話」兒童是問題兒童呢？我們稍加觀察即可發現，所謂「聽話」的兒童，常見的特點是有問題也不提出來，更不與長輩爭議。實際上，只強調「聽話」容易培養出兒童的奴性，使其毫無獨立性，對所有問題缺少個人見解，對邪惡勢力無力抗爭，以至人格扭曲，成爲問題兒童。媒體經常報導的某某資優學生自殺或犯罪之類，往往是由問題兒童演化爲問題大人的。但是，這個問題至今仍未引起人們的警覺，更顯示出此問題猶如潛伏的癌症一樣可怕。

現代家長一定要培養孩子的自主意識。假如孩子沒有主見，他就永遠不能成功，只能跟著別人的想法走，只能任憑環境的擺佈，無論人家的想法是對是錯，無論環境是否適合他。一個人假如沒有主見，那麼，他自己和他的人生都不屬於他，而屬於外在的各種影響。這實在是一件很可悲的事情。

但是，孩子的自主性很容易被破壞，父母都喜歡孩子按照自己的想法去發展，都害怕管不住孩子。固然，所有的父母都是出於對孩子的一片好心，而且父母的引導對孩子是必要的，但是，除了這些必要的東西之外，有沒有多餘的東西呢？當自己因爲孩子忤逆而發火的時候，是否有一點控制欲在內心作祟呢？當孩子的做法我們看不慣但並無大礙的時候，我們是否能夠允許孩子去做，而不干涉和評論呢？

教育家陶行知先生曾有六大主張，十分精闢，他提出：「開放兒童的頭腦，使其從道德、成見、幻想中解放出來；放開兒童的雙手，使其從『這也不許動，那也不許動』的束縛中解放出來；開放兒童的嘴巴，使其有提問的自由，從『不許多說話』中解放出來；開放兒童的空間，使其接觸大自然、大社會，從鳥籠似的學校解放出來；開放兒童的時間，不過緊安排，從過分的考試制度下解放出來；給予民主生活和自覺紀律，因材施教。」

假如，實施了陶先生的六大主張，培養跨世紀的新型人才便有了保障，因爲未來人才的旗幟上，最鮮明的兩個大字是「創造」，而帶著傳統包袱是難以創造的。

12. 尊重孩子不遷就孩子

古人說：「少若成天性，習慣如自然。」愈大愈難教育。父母一定要為子女長遠著想，重視孩子的早期教育，對孩子千萬不能要怎麼，就怎麼，百依百順，這不是愛孩子，是害孩子。

現在許多獨生子女自小受祖輩和父母的寵愛，享受著家長百依百順與有求必應，養成任性、撒嬌、好發脾氣的不良習慣。孩子任性，父母要及時教育。有人說：「兩三歲的小娃娃，懂得什麼？長大了就懂事了。」這是一種不正確的說法。這種任性的孩子在生活中常常碰釘子，遭受挫折，受磨難。久而久之，會影響孩子的健康成長，長大後就很難適應於社會。

當然，每個家長都希望自己的孩子，在避免任性之時又不失個性。這裡的個性，是指有主見，能堅持自己的正確觀點和合理行爲。而任性，所表現出的堅持自己的想法和行爲，常常被人們稱爲無理取鬧。也就是說，任性的本質是無理的，即所堅持的是不合理的、沒有道理的。如有的小孩不讓媽媽做飯而要陪他玩；媽媽做好了飯菜不吃，非要去買零食吃不可。任性的外在表現是胡鬧，即蠻不講理，常見的有哭鬧、吵鬧，在地上打滾，強拉著別人，甚至打人等。因此，區分孩子是有個性還是任性的標準，只在一個「理」字：有理又講理的，是有個性的表現；而堅持的是不合理、沒道理又不講理的，是任性的表現。

那麼，如何才能使孩子既不任性，又有個性呢？關鍵在於家長的教育態度和方法。

在態度上應該既尊重孩子又不遷就孩子

如果家長對孩子的不合理要求也給予滿足，無原則地遷就孩子，那麼，得到嬌慣的孩子必然爲所欲爲，自私自利，難以聽人講道理，變得任性。反過來，如果不尊重孩子，不管孩子提的要求合不合理，有沒有可能實現，都一味地給予否定，甚至態度粗暴無禮，那麼，孩子因需要總是得不到滿足，不是產生不滿情緒，進而產生叛逆心理，形成不服管教的性格；就是以後不敢提正當要求，不敢提自己的意見，一味地順從大人，行爲畏縮，變得沒主見。

因此，只有得到尊重又不受遷就的孩子，心理才會健康發展。

真正瞭解孩子想要什麼

與孩子平等對話，瞭解孩子要求的真正原因，才能判別孩子的要求是否合理，才能掌握好區分任性與個性的界限。

讓孩子明白，滿足是有條件限制的，誰都不能隨心所欲

現在有很多家長都非常用心的在日常生活中，培養孩子的自主性和獨立意識，如要吃什麼菜，穿什麼衣服，玩什麼遊戲等，經常徵求孩子的意見，這是很好的現象。但要注意一些條件限制，如給孩子的選擇只能在那幾套中做選擇，超過了條件限制便難以滿足要求。只有這樣，孩子才會知道，並不是所有的要求都能夠得到滿足的，必須放棄不合理的要求。

第二章

讓孩子注重品德，提高修養

01.「人之不幸，莫過於自足」

驕傲自滿，一方面會導致自高自大，看不起別人；另一方面，它會導致盲目自信，不思進取。因此，做人一定要懂得謙虛謹慎，不要驕傲自滿。

中國文人一向注重對謙虛謹慎這一品格的培養。

一次，孔子帶著學生到魯桓公的祠廟裡參觀的時候，看到了一個可以用來裝水的器皿，形體傾斜地放在祠廟裡。在那時候人們把這種傾斜的器皿叫做欹器。

孔子便向守廟的人問道：「請您告訴我，這是什麼器皿呢？」守廟的人告訴他：「這是欹器，是放在座位右邊，用來警戒自己，如同座右銘一般，是用來伴坐的器皿。」

孔子說：「我聽說這種用來裝水的伴坐用器皿，在沒有裝水或水裝太少時就會歪倒；水裝得適中，不多不少的時候就會是端正的。裡面的水裝得過多或裝滿了，它也會翻倒。」說著，孔子回過頭來對他的學生們說：「你們往裡面倒水試試看吧！」學生們聽後舀來了水，一個個慢慢的向這個可用來裝水的器皿裡灌水。

果然，當水裝得適中的時候，這個器皿就端端正正的在那裡。不一會，水灌滿了，它就翻倒了，裡面的水也跟著流了出來。再過了一會兒，器皿裡的水流盡了，就傾斜了，又像原來一樣歪斜在那裡。

這時候，孔子便長長地歎了一口氣說道：「唉！世界上哪裡會有太滿而不傾覆翻倒的事物啊！」

這個故事告訴我們，舉凡驕傲自滿的人，沒有一個不失敗的。

驕傲自滿，一方面會導致自高自大，看不起別人；另一方面，它會導致盲目的自信，而不思進取。因此，一個人一定要謙虛謹慎，不要驕傲自滿。

謙虛謹慎是每個人必備的品格。具有這種品格的人，在待人接物時能溫和有禮、平易近人、尊重他人，善於傾聽他人的意見和建議，能虛心求教，取長補短。對待自己有自知之明，在成績面前不居功自傲；在缺點和錯誤面前不文過飾非，能主動採取措施進行改正。

謙虛謹慎永遠是一個人建功立業的前提和基礎。俗話說：「滿招損，謙受益」。「人之不幸，莫過於自足」、「人之持身立事，常成於慎，而敗於縱。」

李時珍因爲《本草綱目》而留芳後世。然而，《本草綱目》之所以能寫得如此精確，卻與李時珍的謙虛不無關係。李時珍爲了清楚的瞭解一些藥物的作用及生長狀況，他除了親自品嚐、走遍許許多多山川外，還虛心地向各地的藥農請教。如果李時珍當時不去向藥農請教，也許《本草綱目》的成就和價值就不會有今天這麼大了。

中國有一句話說：「驕必敗」。歷史上有名的官渡之戰中，袁紹就是因爲自己兵多將廣、糧食充足而驕傲的，他在驕傲之下輕視了曹操，結果被曹操打得落花流水，跑回老家去再也沒有機會重整河山。

而得勝了的曹操不僅沒有驕傲，反而整頓、操練軍隊，爲以後的戰爭打下了很好的基礎。但後來與孫吳聯軍的作戰中，曹操也犯了與袁紹同樣的毛病。可見，保持清醒的頭腦，不驕不躁是多麼難以做到，又是多麼重要啊！

易於驕傲的人很難成爲人才。現代社會是一個競爭激烈的社會，當你滿足於小小的成功而放棄進取時，你所從事的事業的整體，並不會因爲你個人的驕傲自滿，而停止向前發展，等你醒悟的時候已經是來不及了，這也是許多人失敗的重要原因之一。

另外，以謙虛作爲一種美德，它也是成才的一個因素。因爲成才的過程是一個複雜艱難的過程，任何一個環節的稍微脫節，都可能把「才」控制住，使它不能發展。一個人懂得謙虛，他才能時時感覺到自身的不足，從而更廣泛地去學習，不斷地豐富自己的知識，提高自身的素質，使自己站得更高，看得更遠，思路更開闊，思考問題的角度也就會更準確。

真正的謙虛，不是貶低自己，人云亦云，而是有自知之明，取長補短，從不足中求進取，從缺憾中求完善。

繪畫藝術大師張大千曾被徐悲鴻稱爲「五百年來第一人」。張大千答道：「我國當代的畫壇，人才輩出，我側身其間，常感得益良多。真的，不是說客氣話，能把山、水、竹、石畫得清逸絕塵，我不及吳湖帆；論氣韻的剛柔相濟，我不及博心搶；明媚軟美，我不及鄭午昌；畫瀑布山嵐，我不及黃君璧；論寓意深遠，我不及陳寶山、謝玉岑；畫荷菱、梅蘭，我不及鄭曼青、王個落；寫景入微，不爲方寸所圃，我不及錢瘦鐵；畫花、鳥、蟲、魚，我不及於非暗、謝稚柳；

畫人物仕女，我不及徐燕孫；畫鳥鳴、猿躍，能滿紙生風，我不及王夢白、王慎生；畫馬，則當數你徐悲鴻先生，趙望雲當然也是佼佼者；還有汪亞塵、王濟遠、吳子深、賀天健、潘天壽、孫雪泥諸道兄無一不在我之上。徐先生說我能領五百年畫壇的風騷，我哪裡擔當得起啊！」如果不具備無與倫比的藝術鑑賞力，張大千如何能道得出自己的一個個「不及」？正是兼容廣大，博采眾長，出入古今，使張大千的繪畫呈現出他人難以企及的萬千氣象。

一個人不論從事何種職業，擔任什麼職務，只有謙虛謹慎，才能保持不斷進取的精神，才能增長更多的知識和才幹。因爲謙虛謹慎的品格能夠幫助我們看到自己的差距，永不自滿。

不斷前進可以使人冷靜地傾聽他人的意見和批評，謹慎從事。否則，驕傲自大，滿足於現狀，止步不前，主觀武斷，輕者使工作受到損失，重者還會使事業半途而廢。

具有謙虛謹慎品格的人，不喜歡裝模作樣、擺架子、盛氣凌人。他們能夠虛心的向群眾學習，瞭解群眾的情況。

謙虛謹慎的品格，還能使一個人面對成功、榮譽時不驕傲，把它視爲一種激勵自己繼續前進的力量，而不會陷在榮譽和成功的喜悅中不能自拔，把榮譽當成包袱背起來，沾沾自喜於一得之功，不再進取。

總之，大凡有成就的人，都把謙虛謹慎視爲人生的第一美德來刻苦養成。陳毅在總結自己的革命生涯時，曾以詩的形式總結道：「九牛一毛莫自誇，驕傲自滿必翻車，歷覽古今多少事，成由勤儉敗由奢。」既鞭策自己，又警示後人。身爲家長的您，一定要注重培養孩子謙虛謹慎的品格。

02. 盲目驕傲自大的人就像井底之蛙

自信是一種積極的人生態度，它能使人樂觀上進；而驕傲是對自己的不全面認識，是盲目的樂觀，常會讓人不思進取。

記載，我國西漢時著名的散文學家和今文派經學家劉向有三個兒子。劉韻是他最小的兒子，聰明、好學，自小就「通詩文，能屬文」，全家人對這個兒子十分的偏愛，親戚朋友也時常讚揚他。劉韻卻因此而漸漸自我滿足起來，他一開始是看不起別人，有些自以為是；後來，連長輩的意見與教誨也聽不進去了。

劉向為了幫助小兒子，寫了一篇《戒子韻書》，書中所講的名言「滿招損，謙受益」至今仍常為人們所引用。劉向的兒子所犯的錯誤，用今天的話來說，就是走進了自傲的誤區。今天的青少年在成長過程中，仍然有些孩子會表現出自傲的心理。因此，家長要在教育中注意這個問題。

驕傲是一種不良的心理狀態，特別是聰明的孩子，常容易產生驕傲自滿的情緒，父母應該給予積極的引導，使其心理健康發展。在現實生活中，孩子往往由於學業成績較好或者某方面有特長，而經常受到家長和老師的表揚，這種太多的表揚常常會誤導孩子，使他們不能正確的認識自己，於是就會滋長驕傲情緒。

這類型的孩子會因此誇大自己的優點，看不到自己身上的問題，而把別人看得一無是處；他們聽不進別人的善意批評，總是處於盲目的優越感之中，接著他們就會逐漸地放鬆對自己的要求，也因此導致了成績下降，表現也就不再那麼優秀了。家長面對這類型的孩子，應該及時予以糾正，讓他們以正面積極的心態來面對問題。

那麼，怎樣培養孩子謙虛的美德呢？

一、要教育子女正確地看待自己

父母要教育子女要一分爲二地看待自己，既看到自己的優點、長處，又要看到自己的缺點、短處，特別要以嚴格的態度要求自己。只有正確的面對自己，才能揚長避短，更好地前進。

孩子會產生驕傲的心態，往往源自於自己某方面的特長和優勢，父母應該先分析孩子驕傲的原因：是學業成績比較好、有某方面的藝術潛力，還是有運動天賦什麼的。然後再讓孩子認識到，他身上的這種優勢只不過侷限在一個很小的範圍內，若放在一個更大的範圍就會失去這種優勢；正確的態度應該是積極進取，而不是驕傲懈怠；況且優勢往往是和不足並存的，自己應該多努力彌補自己的不足。

父母要教育孩子，取得了一定的成績，這確實是自己努力的結果，但是不要忘記這裡也包含著家長的培養、老師的指導和同學的鼓勵。

另外，不正確的比較往往也容易滋長驕傲情緒。在班級裡面，若以己之長與別人之短相比較，這樣比較的結果，自然容易沾沾自喜，自以爲任何地方都比別人強，因而看不起別人。父母應該開闊孩子的胸懷，引導他們走出自我的狹小圈子。帶他們到更廣闊的戶外走走，陶冶他們的情操；讓他們瞭解更多的歷史名人的成就和才能，以豐富的知識充實頭腦，使之變驕傲爲動力。

二、要教育子女認清自滿的危害

盲目驕傲自大的人就像井底之蛙，視野狹窄，自以爲是，嚴重阻礙了自己繼續前進的步伐。科學家巴夫給青年人的一封信中這樣寫道：「切勿讓驕傲支配了你們。由於驕傲，你們會在應該團結的場合固執起來。由於驕傲，你們會拒絕有益的勸告和友好的幫助。而且由於驕傲，你們會失去客觀的標準。」

古人講：「歷覽古今多少事，成由謙虛敗由奢」，「驕傲自滿必翻車」。也就是說人一旦驕傲自大，自滿自足，那麼他就會停止前進的腳步。

虛心使人進步，驕傲使人落後，這是被歷史一再證明的顛撲不破的真理。只有不斷克服驕傲自大的缺點，才能培養出謙虛謹慎的美德。

三、要讓孩子分清自信和驕傲的區別

自信是一種積極的人生態度，它能使人樂觀上進；而驕傲是對自己的不全面認識，是盲目的樂觀，常會讓人不思進取。對於父母來說，應該培養孩子的自信心，但不能讓他們滋生驕傲自滿的情緒。在形式上這兩者有著很大的相似性，常會讓人迷惑，孩子們常會把自己那點小得意，看做是自信的表現，這時父母應該讓孩子分辨出兩者的區別。

家長應該讓孩子認識到驕傲也是健康成長的絆腳石，任何成績的取得都只是階段性的、局部的，只能作爲一個起點。在學習上，知識是無邊的海洋，如果一時一事領先就忘乎所以，那是知識不夠、眼界不寬的表現。「滿招損，謙受益」，家長應有意識地給孩子介紹一些成功者的經驗，告訴他們古今中外凡是有所作爲的人，都是在取得成績後，仍能保持謙虛奮進的人。

四、要教育孩子平等地對待同伴、同學和周圍的人

人與人之間，都應該平等相待，肝膽相照，絕不可盛氣凌人，也不可妒忌別人的進步。不要沾沾自喜，不要目中無人，要正確地認識個人與群體、與他人的關係，不要貪天之功歸於己有，有了成績要先想到群體和他人。

五、讓孩子學會正確地面對批評和建議

正確面對批評和建議是終身的學問。驕傲自滿的人，往往也和無法理智的接受別人的批評和建議有關。批評往往是直指一個人的缺點，如果一個人能夠接受批評，他就能夠比較清楚的看到自己的缺點。

由於孩子的心智尚未成熟，所以對於孩子來說，自己在評論自己時常會出現偏差，其原因是「不識廬山真面目，只緣身在此山中」，父母要告訴孩子，若能經常聽取別人的意見或建議，就能不斷的充實和完善自己。

03.腿上無毛辦事不牢

讓孩子學習控制情緒，首先應盡量做到使孩子在合理範圍內，有充分表達情緒的權利，因為孩子能夠充分、合理地表達自己的情緒，正是孩子心理發育基本健康的表現。

林則徐是清朝嘉慶年進士。

一八三八年，他被任命爲欽差大臣，去廣東禁煙。林則徐嚴緝走私煙販，懲處受賄官吏，迫使英、美煙販交出鴉片二百三十七萬多斥，在虎門當眾銷毀。林則徐的禁煙行動大滅帝國主義侵略者的威風，也大長了我中華民族的志氣。

林則徐的座右銘是：「制怒」這兩個字。爲什麼呢？

原來，林則徐小時候的個性很急，做事有時難免毛躁。林則徐的父親林賓日認爲，這種個性對孩子將來做人做事都很不利。於是，他就把兒子叫到跟前，和藹地說：「我給你講個故事。好不好？」

林則徐平日就愛聽爸爸講故事，便安靜地坐下來，聚精會神地聽。

林賓日針對兒子性子急，辦事毛躁的問題，講了一個「急性判官」的故事：

從前，有個判官，非常孝順父母，所以每遇不孝的罪犯，就判得特別的重。

一天，有兩個人扭來一個年輕人，他們對判官說：「這個人是個不孝之子，他不僅罵他的娘，還動手打他娘。我們把他捆了起來，他還是不停地罵，我們就堵了他的嘴。老爺，像他這樣大逆不孝的後生，該不該罰？」

判官一聽是個不孝之子，立刻火冒三丈，接著就喊：「來人呀！給我結結實實的打這個逆子五十大板！」這個年輕人有口難辯，只好挨了五十大板，屁股被打得血肉模糊。

這時，有個老婆婆拄著枴杖急匆匆的走進來，邊哭邊焦急地說：「請大人救救我們，剛才有兩個盜賊溜進我家後院，想偷我家的牛。我兒子捉住他們，要送官府。可是，這兩個強盜反把我兒子捆走，不知到何處去了？求大人趕緊替我找找兒子，我只有這麼一個孝順的好兒子啊！」

判官一聽，心中禁不住忐忑不安起來，心想：莫非剛才是惡人先告狀，剛才打的就是她的兒子？判官連忙叫人去找那兩個捆人的人，但他們已溜得不見蹤影了。

這時，被打昏的人突然呻吟了一聲，老婆婆循聲一看，那不是自己的兒子嗎？怎麼被打成如此模樣，心裡一急就昏倒在地，再也起不來了。

林則徐聽了爸爸講的故事，立刻明白了這其中的意義，便說：「爸爸，您放心，我一定會好好的克服急躁的個性。」

林賓日說：「我看你性子急，很爲你將來擔憂，透過這個故事，希望你好好改正自己的個性。」

林則徐從此就非常注意克服自己的缺點，做了大官以後，仍不忘父親的教誨，在書房裡掛上「制怒」匾，以時時警誡自己。

作爲現代家長，注重及幫助孩子控制情緒也是極爲必要的。除了可以給孩子講述上面的故事，還可以參考如下建議：

讓孩子學習控制情緒，首先應盡量做到使孩子在合理範圍內，有充分表達情緒的權利，因爲孩子能夠充分、合理地表達自己的情緒，正是孩子心理發育基本健康的表現。

但孩子畢竟是孩子，他們的情緒表達方式難免會有偏頗，有時會出現對自己和他人都不利的強烈情緒反應現象。例如，孩子因爲發脾氣與別的孩子爭吵打架，可能導致自己和對方受傷；對長輩和老師發脾氣則是不禮貌的行爲；或者脾氣一上來就打頭搥胸，摔砸物品等，這些都是不合情理的。

遇到這些情況時，父母不應視而不見，而是要採取果斷的行動，進行嚴厲制止，讓孩子知道，發洩情緒也應該有個限度，自己發洩情緒時，不應損害別人的利益。

有時，孩子也可能因爲在某一方面做得很出色而受到某種獎勵，這時孩子可能會出現很高興的情況，這也是正常的，可以讓孩子盡情地高興一下，並對孩子取得的成績給予表揚。但同時也要告訴孩子，不能因爲這一點成績就驕傲自滿，做人應該要謙虛，謙虛才能取得更好的成績，也才能與人更融洽地相處。

另外，要讓孩子養成良好的情緒表達習慣，首先父母應對自己的情緒表達方式進行反省，因爲父母的身教作用，對孩子的影響最大，若父母對孩子總是粗暴對待，動不動就訓斥孩子，孩子對各種事情都沒有任何解釋和發言權，這樣會使孩子減少或缺乏學習用語言正確表達情感的機會，最終也就有可能學會粗暴待人等不良習慣，這對孩子的未來將造成消極的影響，不利於孩子以後的生活和事業。

04. 虛偽矯飾的人一生都在演戲

遇事應實話實說，千萬不要找藉口，即便是遇到了麻煩；在不能說真話的時候，我們最好也不要編造善意的謊言，因為孩子不會分辨哪些是善意的謊言，哪些是惡意的，選擇沉默可以被當作權宜之計；或者巧妙地繞開這個敏感的話題。

所謂誠實，就是忠誠老實，不講假話。誠實的人能忠實於事物的本來面目，不歪曲，不篡改事實，同時也不隱瞞自己的真實想法，行爲光明磊落，言語真切，處事實在。誠實的人反對投機取巧，趨炎附勢，吹捧奉迎，見風使舵，爭功諉過，弄虛作假，口是心非。

《菜根譚》中說：「文章做到極處，無有他奇，只是恰好；人品做到極處，無有他異，只是本然。」一個人的思想、品格、言行，都要發自內心、自然而然地表現出來，不能爲了某種功利的目的矯揉造作，掩蓋自己的真實面目，扭曲自己的本性。

真誠的反面是虛僞，虛僞的人常自欺欺人，靠戴假面具過日子。真誠坦率的人不失本色，自然有感人的力量。虛僞矯飾的人一生都在演戲，給人留下僞佞可憎的形象，自己也喪失了心靈的本性，忍受心理上的折磨。

做人首先要誠實，說老實話，辦老實事，做老實人，不能靠矯飾僞裝過日子。靠矯飾僞裝、戴假面具過日子的人，「白日欺人，難逃清夜之愧赧」；「對人則面目可憎，獨居則形影自愧。」他們不僅令人憎惡，自己也活得很累。因爲他們得時時提防假面具被人戳穿，或者受良心的譴責，經常處於緊張戒備的狀態，很難獲得心理上的輕鬆、安寧與平靜。

誠實有巨大的人格感召力。一個人沒有半點虛假和隱瞞，說話誠實，做事誠實，內心誠實，就會令人信服。故誠實可以消除隔閡，化解矛盾，促進人際關係的和諧和團結。古人有「精誠所至，金石為開」的格言，這是說精誠的力量可以貫穿金石，更何況是人心呢！至誠之心的確有巨大的精神力量。諸葛亮對孟獲七擒七縱，終於使孟獲心悅誠服，化解了漢族和少數民族長期積存的矛盾，這就是一個有說服力的例證。

誠實也是做人的基本品德，從孩子小的時候開始，就要培養這種品德。誠實是一切德性的基礎。一個人連誠實都做不到，其他的品德就更談不上了。

一個忠誠老實的人，對客觀事物的認識能力也是有限的，不可能事事時時準確地反映客觀事物的內在規律。因此，忠誠老實的人也有可能犯錯，但和虛偽的人所犯的錯誤性質不同。誠實的人會犯錯，通常是由於認知能力和認知方法上，出了問題而造成的，而虛僞的人所犯的錯誤，則是由於不誠實，這是屬於道德上的問題。

誠實的品德對孩子的成長以及做人，都具有十分重要的意義。因此，在家庭教育中應注重從小培養孩子的誠實品格。在這方面，很多古人爲我們樹立了光輝的典範。

北宋著名史學家司馬光的字爲什麼叫君實呢？這裡有一段有趣的典故。

司馬光在童年時，有一天，客人送給他家一籃核桃。司馬光從來都沒吃過核桃，嘴一饞，拿起一個就咬了起來。可是咬了半天，怎麼也咬不破那硬邦邦的核桃殼。

他捂著腫脹的腮幫子正在生氣，老爺爺進屋來看見司馬光那難堪的樣子，不禁啞然失笑。

「來，我教你怎麼吃。」他轉身找來一把小鐵錘，慢慢地教司馬光敲開硬殼，摳出桃仁，然後又去做別的事去了。

過了不久，司馬光的父母回來了。他們見兒子坐在地上，一面砸著核桃，一面吃著桃仁，十分驚訝，於是上前詢問：「孩子，你怎麼知道核桃應該這樣吃法？」

司馬光轉動著聰慧的眼珠，撒嬌地說：「我自己想出來的。」二老聽罷，喜上眉梢，連聲誇讚司馬光聰明、伶俐、反應快。

然而，紙是包不住火的。沒過幾天，司馬光的父母就知道了事情的真相。他們喊來司馬光，嚴肅地說：「說假話可是最不老實的行爲啊！」頓時，司馬光羞紅了臉，耷拉下了小腦袋。

從此，司馬光再也不說謊了。他長大成人後，爲了表明自己一輩子都要誠實做人的決心，便把自己的字起爲君實。

在個人品格的諸多方面中，誠實的重要性顯得更爲重要。將誠實當作人生品格的一個重要規範，歷來爲古今中外的有識之士所看重，由此可見誠實對一個人來說是非常重要的。

但誠實不是一個人天生就有的，它是由家庭、老師和社會共同培養出來的。特別是孩子的父母，對培養孩子的誠實、不說謊騙人更負有直接的責任，來不得半點馬虎。

說謊是作弊與欺騙在言語方面的表現。這種欺騙與作弊是最要不得的，對一個人的成長和發展有很大的危害。第一是使自尊心受損，人是不能沒有自尊心的，人失去了自尊心，不看重自己，則自暴自棄，什麼事都做得出來。

第二是喪失信用、得不到別人的同情與幫助，還記得「放羊的孩子」這個故事嗎?當放羊的孩子第一次說謊，在山坡上大喊「狼來了」的時候，別人聽了，連忙跑來替他趕狼，可是他卻覺得這些人像傻瓜一樣，被他愚弄了。他哪裡知道這樣一次的謊言，竟播下了失信的種子，當狼真的來了，他驚慌失措大喊「狼來了」的時候，人家以爲他又在撒謊，不來救他了，而他也被狼咬死了。這是多麼慘痛的教訓啊!

說謊絕不是偶然說說的，大致上都是因爲已養成了一種說謊的習慣，而這種說謊的習慣大多數又是從小養成了的。因此，家長要灌輸孩子不能說謊。

那麼該如何糾正小孩撒謊的壞習慣呢？

一、找出孩子說謊的真實原因

孩子說謊時，家長往往會十分的生氣。但只有找出孩子說謊的真實原因，才能對症下藥，進行有效的管治。那麼，孩子說謊的真實原因是什麼呢？歸納起來，主要有以下幾種：

想像與現實混淆——這大多發生在年紀比較小的孩子身上。他們常會將想像與現實混淆在一起，明明只是自己所希望擁有的，卻說得像真的一樣。例如：將幼稚園的東西帶回家，卻說：「這是我的！」其實，他並不是有意說謊，而是以為自己先拿到的就是自己的。

虛榮心作怪——很多孩子為了想贏，而在遊戲或學習中撒謊。明明知道規則，卻偏偏不遵從，還裝作無辜的樣子說「不知道」。再如，爲了與同伴攀比，自己沒有的東西卻說「我家也有，而且比你還要多」。

取悅長輩——孩子做事時不僅想做好，而且也想讓父母、老師高興，從而得到更多的獎勵。當成功的困難度較大時，爲了不讓父母失望，只好說謊，「這次考試成績還沒有出來」「考得還可以」。

逃避懲罰——「絕對不能說出考試成績不及格，要不然這個月的零用錢就沒有了。」這些都是孩子真實而又天真的想法，而說謊有時還真能躲過一劫！

獲得自由——當孩子看電視看得正入迷時，父母卻開始催促：「該寫作業了！」於是孩子便會順口說：「寫完了」，因爲說「等一下再寫」往往不被父母接受，而隨口一個謊話倒容易搪塞過去。

想要得到關注——孩子在很多時候，並不會表達自己到底需要什麼，所以他們很可能會用一些謊話來表達。「媽媽，我不敢自己一個人在這裡。」——其實孩子只是想讓母親陪他。「爸爸，我這裡疼」——其實孩子是想和父親多親近一下。

對孩子的說謊現象，不同年齡的孩子，其含義也有所不同，成人要善於合理分析，找出孩子說謊的動機與原因。這樣才能讓孩子知道，你不僅關心他們的行爲，更關注他們的需求。

二、要瞭解孩子的需要

小孩子願意做什麼，能做什麼，希望得到什麼，你一定要瞭解。當你瞭解孩子的想法與能力之後，便要放手讓他去做。在做的過程中，你要幫助他去發現問題和克服困難，將事情做成功，並給予孩子獎勵。要消除孩子說謊的動機，就得鼓勵孩子誠實地去做。

三、進行積極的暗示

暗示的方式有兩種，一種是正向暗示，譬如：有兩個小孩子在一起玩，一個是誠實的，另一個是喜歡說謊的，你要嘉許並獎勵那個誠實的小孩子，使那個說謊的小孩子效仿他，走上誠實之道；另一種是反向暗示，譬如你的小孩子跑來告訴你一件事時，你要信任他，不要說「真的嗎？你不要騙我哦！」之類的話，如果你這樣說，在小孩子的心靈上，就種下一個說謊的種子，以爲說謊原來也能騙過人。我們應採用正向暗示去改變孩子的行爲，而不要用反向暗示去刺激孩子說謊的動機。

四、懲罰不是好辦法

成人在說一些與事實不符的話時，總是試圖找個合情合理的理由，來爲自己開脫，以表明那是不得已而爲之的。其實，孩子的說謊多半也是萬不得已。所以，當孩子拒不承認自己說過的話、做過的事時，父母應設法去瞭解他爲何不能敢做敢當。

如果是懼怕懲罰，我們務必幫助孩子除去這個顧慮，並告訴他兩件事：一是最好講真話、撒謊危害無窮；二是這一次他不會受到任何懲罰。因爲每個人都會有失誤的時候，但即使做錯了事還是要誠實，爸爸媽媽喜歡誠實的孩子，雖然爸爸媽媽不希望他做錯事，但更不希望他撒謊。鼓勵他主動承認錯誤、改正錯誤。

面對孩子的謊言，父母最好放下「訓斥和懲罰」這二種不利的武器，它只會讓孩子的內心深受折磨，進而加倍地運用撒謊這個工具，接著很快就升級爲謊言大師。

所以，比較理性的做法是站在孩子的角度，設身處地的理解他的行爲，讓孩子知道，即便他說了謊，父母仍舊是愛他的，而且也會給他認錯的機會。如果孩子鼓起勇氣承認了自己的所作所爲，父母應在第一時間內表揚他、肯定他仍舊是個好孩子。當孩子被愛和信任鼓舞著，孩子就會找到努力向上的方向。

但是，這並不是說絕對不能懲罰孩子。當孩子將小朋友抓傷，而且爲了逃避事實真相而嫁禍於人時，父母就該表明自己的態度了：要讓孩子知道他必須爲此承擔責任、自食其果，比如：取消掉這個星期已安排好的活動，或者取消掉看電視的時間。

五、為孩子做好榜樣

做父母的要以身作則，去做誠實的事，不要在小孩子的面前說謊。我們都知道小孩子的模仿能力很強。在耳濡目染中，都會效仿的。父母親平常可以多講一些誠實孩子的故事，並拿故事中的人物去做孩子的榜樣。但有一種做法是不好的，譬如，媽媽要打牌，而不想接待訪客，就囑咐孩子說：「如果有客人來，你就說媽媽不在家。」等客人來了，小孩子便照著母親的話說謊了：「媽媽不在家。」這是一種非常不好的榜樣，很容易使小孩子養成說謊的習慣。孩子會想：他既然可照母親的話去欺騙客人，自然他就可以照自己的意思去欺騙別人，甚至是自己的母親。因此父母們要做好的榜樣，壞的榜樣千萬不要做。

這是一則很有名的家庭教育故事。故事講的是曾子的妻子要上街，她的小兒子哭鬧著也要跟著去。曾妻便哄兒子說：「你乖乖在家，等我回來時再殺豬讓你吃肉。」她剛從街上回來，就看到曾子真的要殺豬，她急忙阻攔道：「我只不過是跟孩子說著玩，哄他的。」曾子說：「跟孩子是不能開玩笑的。孩子年幼沒有辨別是非的能力，處處模仿父母，聽從父母的教導。今天你欺騙他，就是教他學你的樣子騙人。做母親的欺騙自己的孩子，那孩子就不會相信自己的母親了。這可不是教育孩子的好辦法啊！」於是，曾子殺了那頭豬，煮了肉給孩子吃。

這個故事告訴爲人父母者：在任何時候，都不能欺騙孩子。因爲父母是孩子最直接的模仿對象，父母的一言一行、一舉一動，都會對孩子產生巨大的影響，孩子都會跟著學。所以父母在孩子面前的行爲要特別慎重。這個故事說明了，曾子充分認識到家庭教育，言傳身教的特點，家長的以身作則是教育子女成功的保證。有些父母們認爲，跟小孩子說話何必當真，這種想法是不懂得家庭教育，是很有害的。

身教勝於言傳。最明智的做法是，做家長的在自己家裡定下一個原則：遇事應實話實說，千萬不要找藉口，即便是遇到了麻煩；在不能說真話的時候，我們最好也不要編造善意的謊言，因爲孩子不會分辨哪些是善意的謊言，哪些是惡意的，選擇沉默可以被當作權宜之計；或者巧妙地繞開這個敏感的話題。

如果大人不小心說了謊，要與孩子一起討論，下一次遇到類似的情況，應該用哪些更好的辦法代替說謊。

05. 約定，別忘了呦

人而無信，就像車子失去方向盤無法行走一樣，也無法立於社會上、天地間。

童年時期是一個人個性品格逐漸形成的關鍵時期，培養孩子誠實的品德，是家庭教育和學校教育都不可忽視的問題。家庭教育應該以德爲本，誠信是良好品德的重要組成部分，也是每個家長都必須重視的家庭教育的重要內容。

中國歷代學者都很重視信。信作爲五常之一，對中華民族心理結構的形成產生了重大影響，孔子是忠信思想的有力提倡者。他認爲仁義君子必須主忠信，敬事而信。在他看來，信作為君子的美德，君子在現實生活中只有言而有信，誠實無欺，才能取得他人的信任。信是人與人交往相處的基本準則，也是治國修身的基本準則。當權者只有守信用、取信於民，才能得到人民的擁護。上好信，則民莫敢不用情。即統治者講信用，老百姓也就敢講真話。相反，統治者朝令夕改，政策多變，今日是而明日非，弄得老百姓無所適從，這樣的統治者人民也就不會再相信了。當人民不再相信時，離失去民心也就不遠了。

信是孔子的四教之一，而漢儒董仲舒又把它列入仁、義、禮、智、信五常之一。董仲舒之所以這樣講並非全無根據。在孔子那裡，信就是實現仁德的重要途徑。

子張曾問仁於孔子，孔子說：「恭、寬、信、敏、惠五者是仁，能行五者於天下，就可以稱得上是仁人了。」這說明了信是仁之重要內容。他甚至認為，信是顯現人之本質的重要內容。人而無信，就像車子失去方向盤無法行走一樣，也無法立於社會上、天地間。

古人擇友，信在首要。東漢的太學，山東人範式和河南人張劭成了好朋友。學成後，兩人約定要重聚，由範式到張劭家去，並定下了確切的日期。兩年後的這一天，張劭稟告母親範式要來，請她準備酒食。張劭的母親不信，說兩地相距這麼遙遠（古時交通極不便），你如何斷定說他今日肯定會到？可是，範式果然在這一天到了，張母說，範式真是一個講信義的君子，與他訂交，不會有錯！後來，張劭得病死了，下葬的那一日，鄉鄰們忽然發現遠處有一輛車急馳而來，白馬素帷，痛哭之聲相聞。張母說：「一定是範式來了！」範式手執麻繩、牽著靈車爲張劭落葬，說：「去吧！元伯（張劭字），生死異路，無法挽回，我和你就此永別！」在場的千餘人聞言而同聲落淚，都說從未見過像範式這樣真心誠意、信而不爽的朋友。

古往今來，志士仁人都非常講信用，無不對食言而肥的人嗤之以鼻。在現實生活中，有些人想到就說，朝言夕改；有些人好誇海口，從不兌現；有些人言不由衷，處世虛偽；有些人謊言哄騙，居心叵測。這種人遲早會被人唾棄。

古代幾個偉大的賢人，管子、商鞅、諸葛亮都是以信立國，完成大業的。說到做到，才是大丈夫。一言九鼎，一諾千金重，一言既出駟馬難追，退避三舍……這一串串的成語，都顯示了古代先人們對誠信的推崇。信，是一種動力，讓我們不推托，有諾必踐，勇於承擔屬於自己的責任。做人必須有誠信，如果做不到的就不能說，一旦說出就得做到。

這裡所主張的「信」，並不一定是指一種特立獨行的、高不可攀的高德嘉行，其實我們平時的日常小事，都包含著這種「信」。也可以說，越是守信於生活小事，越能顯現出一個人的信用程度。

戰國時的魏文侯，有一次曾對管理獵場的人說：「兩天後，我要到此來打獵。」那一天，文侯與臣僚們一起飲酒，酒正飲了一半，文侯卻放下了酒杯，說：「時候不早了，我要出去一趟。」臣僚們驚訝道：「外面正下著雨，我們在這裡飲酒又很快樂，你幹什麼去？不要走！」文侯說：「我兩天前與管理獵場的人約好了，今天要去打獵，不管怎麼說，不好失約啊！」

貴為君王的文侯，為何如此重視與人的約定。因為信義是自古以來最重要的一條道德準則，代表著自己的形象，所以文侯是需要這樣做給大家看的。反過來，這也說明了守信、重信的重要意義。

輕諾別人，不僅會給自己帶來不守信用的聲譽，更會招致許多麻煩，而且有時還會嚴重地傷害別人。

三國時代，吳國大夫魯肅在諸葛孔明的如簧之舌煽動下，一時錯亂，輕率地許諾作保把荊州借給了劉備。豈知這一許諾，卻讓東吳傷透了腦筋。圍繞荊州，吳蜀你爭我奪，東吳是「賠了夫人又折兵」，氣死了周瑜，為難了魯肅。

要做到不輕諾，除了要有自知之明之外，還必須養成對客觀情況，做比較深入和仔細瞭解的習慣，這樣才能謹慎許諾。

一旦許諾了，就要做到。這樣才能成爲守信、誠實、靠得住的人，否則，就容易在生活和事業中遭受失敗。

公元前四〇八年，魏文侯拜樂羊爲大將，率領五萬人去攻打中山國。當時樂羊的兒子樂舒在中山國做官，中山國國君姬窟利用此一父子關係，一再要求樂舒去請求寬延攻城時間。樂羊爲了減少中山國百姓的災難，一而再、再而三地答應了樂舒的要求。如此三次，三個月過去了，樂羊還未攻城。

這時的西門豹沉不住氣了，詢問樂羊爲何遲遲不攻城。樂羊說：「我再三拖延，不是爲了顧及父子之情，而是爲了取得民心，讓老百姓知道他們的國君是怎樣三番兩次地失信於人。」果然，由於中山國國君的一再失信，失去了百姓的支持，結果一戰即敗。

反過來，一個信守諾言的人，則往往成功。

《左傳》記載，晉文公時，晉軍圍攻原這個地方，在圍攻之前，晉文公讓軍隊準備三天的糧食，並宣佈：「如果三天攻城不下，就撤兵。」

三天過去了，原的守軍仍不投降，晉文公便命令撤退。這時，從城中逃出來的人說：「城裡的人再過一天就要投降了。」

晉文公旁邊的人也勸說道：「我們再堅持一天吧！」

晉文公說：「信義，是國家的財富，是保護百姓的法寶。得到了原而失去了信，我們以後還能向百姓承諾什麼呢？我可不願做這種得不償失的蠢事。」

晉軍退兵後，原的守軍和百姓便紛紛議論道：「晉文公是這樣講究信義的人，我們為什麼不投降呢？」於是大開城門，向晉軍投降。

晉文公憑著信義，獲得了不戰而勝的戰果。

誠信是人的立身之本。人活在世上，所許下的一個個諾言是否兌現，從中可以看出他的為人來。俗話說：「有借有還，再借不難。」為何不難？因為有了良好的誠信品格，別人才會放心與你交往。沒有人會喜歡與那些戴著虛僞的面具、吐著滿嘴謊言的人共事。誠實和信用是立足於社會的堅實保障，那些言而無信的人最終會被人們唾棄。

誠信是我們中華民族一直以來所推崇的一種美德，做人、做事和與人交往中，「以誠待人，以信對人」，歷來就被視爲一個道德高尚的人，所應具備的品德和情操。

06. 要成大業就要善於自我約束

控制自己並不是一件非常容易的事情，因為我們每個人的心中，永遠存在著理智與感情的抗爭。自我控制、自我約束也就是要一個人：按理智判斷行事，克服追求一時感情滿足的本能願望。一個真正具有自我約束的人，即使在情緒非常激動時，也能夠做到這一點。

和動物在行爲上的根本區別，在於人的行爲是屬於自覺性。動物的行爲卻直接受其本能所支配，而本能是無需學習的。本能的行爲不管如何複雜，總是直接地、自發地、沒有節制地進行。動物一方面借助這些本能來滿足自己的各種需要，另一方面牠們又都是自己本能的奴隸。而人則能意識到自己的本能，並且能駕馭自己的本能。本能一旦被意識到，它就會受意識所控制，本能也就變得人性化和社會化了。

有人把人的生物本能比作一匹野馬，人的理智就像轠繩，沒有轠繩的馬是一匹未經馴服的野馬，而有轠繩控制的馬，才是一匹有用的馬。只有用自己的意志努力去服從自己的理智，自覺地支配自己去實現自己的理想，我們才能透過對自身的支配去支配世界。歷史上有不少不可一世的人，能控制一支軍隊、一個國家，但卻不能控制自己，最終以身敗名裂收場。

古往今來的思想家都曾提到用理智控制自己，是做人的基本準則之一。二千多年前的孔子就強調修己和克己。

俗話說：「忍一時風平浪靜，退一步海闊天空。」以忍爲上是一種玄妙的處世哲學。常言道：識時務者爲俊傑。所謂俊傑，並非專指那些縱橫馳騁如入無人之境，衝鋒陷陣、無堅不摧的俠客、英雄，而是指那些能夠以自己的胸懷和毅力獲取成功的人。

以忍來展現個人的修養與才能，在中國歷史上有許多例子。《三國演義》中的曹操作爲「治世之能臣，亂世之奸雄」，尤其善忍。當董卓進京擅權作亂時，眾官想到漢室將亡，一齊啼哭，唯他撫掌大笑，王允責備他時，他說：「吾非笑別事，笑眾位無一計條董卓耳。操雖不才，願即斷董卓頭，懸之都門，以謝天下。」等到他行刺董卓不成時，又趕忙持刀跪下，謊稱獻刀，足見他掩飾內心想法的機智。

曹操殲滅呂布後，已有挾天子以令諸侯之威，想不到卻來了個彌衡，擊鼓大罵曹操。張遼等人要殺彌衡，但曹操卻忍住了，不願去擔害賢之名，於是非要將彌衡送劉表處，最後讓黃祖殺了他。可見，曹操的忍與政治家的寬容氣度頗爲相通。

忍更是個人意志品格的磨練程度，表現出自強不息的內在力量。孟子說：「故天將大任於斯人也，必先苦其心志，勞其筋骨，餓其體膚，空乏其身，行拂亂其所為，所以動心忍性，曾益其所不能。」這種動心忍性的思想內涵，一向被視為代代沿襲的民族精神。越王勾踐為了報仇，臥薪嘗膽，曾使歷代人為之感動。

《三國演義》中的劉備，更是以忍求尊的出色運用者。他有漢室宗親的出身，有關羽、張飛效力，而且破黃巾立功，僅得安喜縣尉之職，他仍然遵命上任；張飛怒鞭督郵，為了維繫桃園結義的情義，他辭官而去；虎牢關戰敗呂布顯露鋒芒，仍然坐在諸侯的末位；曹操滅呂布後，劉備與曹操在許都供職，更是如履薄冰，曹操以青梅煮酒論英雄相試，劉備則以韜晦之計避讓；等到脫離許都後，又先後投奔袁紹、劉表，在任何地方都是一副寬厚待人的樣子，甚至蔡瑁幾次逼殺，劉備都一直避讓，並無反擊。偏偏就是這樣一個能夠忍讓的人，得到了眾人的尊重，連曹操等政治對手也稱他為英雄，劉備透過處處忍讓而取得人心，由得人心而得人才，他終於成為鼎足三分的主導力量。劉備的成功，也顯示出以忍求尊的人生智慧力量。

忍是人生智慧的表現，它一直積蓄著自強不息的力量。古人說：「君子能忍人所不能忍。」正是從人格、意志、修養、智慧等諸方面，探討忍在個人的人生中的價値。忍所展現出的力量，是內心充實，無所畏懼的表現。忍是一種強者才具有的精神特質。

自我約束的表現就是一種自我控制的感情。自由並非來自「做自己高興做的事」，或者採取一種不顧一切的態度。自己要戰勝自己的感情，證明自己有控制自己命運的能力。如果任憑感情支配自己的行動，那便會使自己成爲感情的奴隸。一個人，沒有比被自己的感情所奴役更不自由的了。

我們常常只看見偉大的成就，而忽略了成就背後所付出的辛勞和毅力。因此我們會說，有成就的人通常都是那些有頭腦、有體力或者是運氣好的人，而既然我們這三方面都不行，那就算了吧！這並不是說，只要注重自我約束，我們就人人都可以成爲鋼琴演奏家；而是說，我們每個人在某一方面都有成功的條件。但是，要獲得成功，就必須運用意志力和努力工作。

我們每個人都在透過努力，做使自己的生活更有意義的事，並且在向著未來的目標前進。但是，生活在現實的世界中，我們絕不應該採取僅使今天感到愉快的態度，而絲毫不顧及明天可能會發生的後果。我們的感情大都容易傾向於獲得暫時的滿足，所以我們要善於做好自我約束。但是，必須注意的是，那些提供大量暫時的滿足的事，通常就是對我們長期的健康、快樂和成功最有害的事情。因此，在追求一種有意義的生活時，我們應當努力預測自己所從事的事情，對將來可能產生的後果。

不論我們現在如何享受目前的生活，深謀遠慮總是有益於我們規劃未來。不要以爲未來是一個非常遙遠的東西，它是會到來的，而且幾乎都比我們預期的要早。面對未來去做思考，這是一個培養正確理解現實能力的問題。那些總是失敗的人，一再使用「我別無選擇，我不得不這樣做」這種藉口。而實際上是他們不願做出下面的抉擇：付出短期不自在的代價，換取享受長期的更大的報償。一個沒有養成自我約束習慣的人，將會反覆地屈從於一些誘惑，而去從事一些不該做的事，這種錯誤的後果，甚至嚴重到能長期影響一個人的成敗。

用了同樣的努力，有人成功了，有人則失敗了。他們可能都知道成功的途徑，但他們之間有一個主要的不同點是在於，成功者總是約束自己，去做正確的事情；而失敗的人總是放縱的讓自己的感情佔上風。

07. 聰明人不會重複犯相同的錯

人的品格是在後天形成的。人的規範行為能力也是無限的，但是，它必須經過有意識的開發和培養訓練，才能逐步形成。

我國歷代聖賢所提出的個人道德修養，包括孔子對執政者所倡導的修己以敬、修己以安人、修己以安百姓等觀點，都是從意識論的角度強調了品格的重要性。

一般而論，家長培養孩子規範行爲能力，可從以下幾個方面來努力：

一、培養孩子的規矩意識

規矩意識，就是規定出來供大家遵守的制度或章程。規矩意識即是遵守這些制度或章程的良好態度和習慣。規矩意識較強的人，自我約束的能力也較強，較容易適應群體生活。大多數的孩子在入小學之前，通常都是待在家中或幼稚園，過的是一種相對自由，關愛較多，拘束較少的生活；進入小學後，孩子好像一下子掉進了規矩意識的海洋，如：課間只有十分鐘休息；上課時有課堂上的紀律；發問及回答問題時要先舉手；下課時不能在走廊上奔跑、在教室裡大聲喧嘩……總之，年齡越大，孩子們所感到受的約束就越多。那麼，作為家長，該怎樣培養孩子守規矩的意識，讓孩子樂意接受生活中的各種必要的約束呢？

◆講清規矩的作用。要讓孩子瞭解規矩無處不在，一定的規矩能讓人們的生活更加美好。例如，人們要遵守交通規矩、遊戲規矩、競賽規矩。家長可以時常反問孩子，如果不遵守規矩會怎樣？讓孩子設想違規的後果，以引起他對遵守規矩的重視。

◆要求孩子養成遵守規矩的習慣。國有國法，家有家規。在家裡，物品用後要歸回原處；出門前要告知家人；按一定的時間作息（定時進餐、睡眠、起床）等。

◆培養孩子執行規矩的技巧。有時孩子雖明白所訂的規矩，但仍會時常違規。如：偶爾上學遲到，並非孩子故意拖拉，而是穿衣、漱洗等動作太慢，不得要領。那麼，家長就要教孩子做事的方法，培養孩子的自理能力，提高孩子的生活技能，這樣，遵守起規矩來就容易得多了。

◆培養孩子的自律精神。他人制定的規矩是強加的，屬外力約束，而自己制定的規矩有內省作用，易於自律。家長不妨和孩子一起討論制定家庭規矩，以便共同遵守。例如，下棋、玩遊戲要按遊戲規則決定勝負；說錯話或做錯事時要有禮貌的向對方道歉；看電視時不要干擾別人。即使家長違規，也要自覺受罰，讓孩子懂得規矩的嚴肅性。

二、讓孩子苦練內功

開發訓練規範行爲能力的方法，就是苦練內功。這一方法旨在發揮人們的主觀能動性，在自己內心深處用品格標準來做檢討、反省，找出品格方面的缺陷，諸如：壞習慣、不良的行爲、錯誤的想法等，在分析、反省的基礎上，認真加以克制。

與此同時，還要注重學習，從感性認知提升到理性認知。但是必須與苦練內功相結合，因爲如果只學習而不內省，學的再多也無益處，仍然難以有品格上的提高；而如果只知內省而不學習，則猶如井底之蛙，不能提高認知水平，也難以養成好的品格，達不到較高的道德境界。

我國自古以來就非常重視苦練內功的品格修養方法。孔子的學生曾參要求自己：「吾日三省吾身」。孟子則要求「守氣不動心」、

「寡慾」和「盡心知天」，即要守住志氣，不被利害得失和環境所誘惑，而動搖自己的志向；不要因爲物質慾望而喪失良心，破壞「五倫」秩序；充分瞭解自己的內心，把「善心」存起來就是知「天命」，達到品格修養的最高境界。程頤則倡導誠敬、致知、集義，也就是內心專一，不陷邪思。使不善之心無以波動，無以得發；積極求知；內心信仰「義」，行動符合「義」，從而產生浩然之氣。

讓孩子苦練內功，就是讓孩子經常結合自己的實踐，對自己的行爲、言論、思想進行反思和自糾，發現不妥當的地方，及時修改，以便逐漸完善自我。

三、讓孩子學會從小事做起

良好品格的形成，需要從小事做起，注重從細小處下功夫，恪守循序漸進的原則。比如，透過讓孩子約束自己按規定的時間學習、休息和娛樂且經年持久，就可以養成孩子的習慣和韌力。

另外，還要讓孩子學會靠自覺性和自律性去做事。即使沒有人監督也不會出現越軌行爲，更不會去做壞事，這才能證明正確的品格意識已在心中生根發芽，良好的品格已開始形成。

◆勿以善小而不爲。善小指的是精心地保持自己的善行，認真地培養自己心中，開始出現的正確道德觀念和良好品格的幼芽，使其不斷積累和成長壯大，並能從點滴小事做起。

三國時期的劉備曾告誡他的兒子劉禪：「勿以惡小而爲之，勿以善小而不爲」。因爲「小隙沉舟」，「螻蟻之穴，可潰千里長堤」。荀子指出：「積土成山，風雨興焉；積水成淵，蛟龍生焉；積善成德，而神明自知，聖心備焉」。這就是說，高尚的品格不是一夜就能養成的，它需要一個長期的積累過程。

只有不棄小善，才能累積成大善。平時不檢點，不積善，過於隨性，只想有朝一日若碰上緊要關頭，一定會挺身而出，這是根本不可能的。平時不注意改掉小毛病、小缺點、小過失，對自己姑息原諒，日後必會釀成大錯，出大問題。

◆積極慎獨，表裡如一。慎獨就是獨自反思，自我檢討與改正已存在的缺點和問題。先哲尤其推崇這種品格修養的方法。這種方法主要是強調在無人監督時，不僅不能縱容自己，反而要更加堅持自己的道德信念，不受外界的引誘，要能做到「不動心，不伸手，不邁步」，在「隱」和「微」上下功夫。

當人們獨處單行時，他人看不見，聽不到，所以最容易放縱自己的言行，不會刻意用良知和規範來要求自己。因此，必須堅持積極慎獨，表裡如一，去除譁眾取寵之心，做到有人在場和無人在場都是一樣。不容許任何邪惡的念頭支配行動，不去做任何不符合原則和道德規範的事，這樣才能防微杜漸，使自己的品格經得起任何環境的考驗，以達到運用自如，至誠、至善的境界。

四、培養孩子強烈的責任心

列夫·托爾斯泰曾經說過：「一個人沒有熱情，他將一事無成，而熱情的基礎正是責任心。」社會學家們的研究同樣指出，責任感在人的成事、成才和成人的過程中，有著舉足輕重的作用。

責任感是一個人人格的重要組成部分，它可以促使人去努力完善自我，可以促使人奮發上進。一個有著強烈責任感的人，會勇敢地承擔起自己對父母、對他人、對社會的責任，他們會盡最大的努力把應該辦的事情辦好；而一個沒有責任感的人，則會逃避自己的責任和義務，容易隨波逐流，無所事事。責任感可以彌補才能的不足，但才能不能彌補責任感的不足。

責任感可以取信於人，可以融洽周圍的人際關係。有責任感的人言必信、行必果，他們對已答應了的事會努力去完成，即使無法完成，也會勇於承擔責任，所以總能夠獲得別人的信賴。

培養孩子認真負責的精神，要允許孩子犯錯，但不能允許孩子推卸責任，更不應幫助孩子尋找理由逃避責任。孩子犯了錯，父母沒有必要大驚小怪，更不應該求全責備，只要孩子勇於承認錯誤，父母就要原諒孩子，就要表揚孩子的負責精神。要知道犯錯也是孩子成長過程中，所必修的課程之一，孩子每犯一次錯，每承擔一次責任，都會自我完善一步，個性成熟一步。

當然，孩子每犯一次錯之後，父母應當幫助孩子總結教訓，要讓孩子明白：聰明人不是不會犯錯，而是不會重複的犯相同的錯誤。

08.從小養成勤儉節約的品德

節儉是各種好品德的共有特點，有好品德的人都是由節儉而來的。要切記「君子以儉為德」，要「勤身節用」。

國宋朝史學家司馬光，在教育其子司馬康奉行節儉的《訓儉示康》中，提出「以儉教子」的名言。

司馬光出身寒門，他的父親雖然做過官，但家境並不富裕。

在他還是幼兒時，家人出於對他的疼愛，在他頭上戴了很多金銀首飾，尚未斷奶的司馬光感到很不自在，小臉羞紅了，身子扭來扭去，最後乾脆用小手把這些飾物抓了下來。大人們感到奇怪，互相轉告。「知子莫若父」，司馬池對此很感欣慰。「儉約是我司馬家的傳統，這孩子可以承繼此家風了。」

司馬光虛歲二十就中了進士甲科，少年得志，這是多麼榮耀的事啊！按照當時的禮儀，皇帝要賜予聞喜宴。參加宴會的進士個個服裝華美典雅，帽子上更是金光閃爍，文星大聚會，不同凡響。在這眾多的進士群中，只有司馬光衣著樸素、帽不簪花。大家看到他的這般裝束，簡直傻了眼。後來在幾個進士的勸說下，司馬光才勉強在帽子上插了一枝花。

司馬光雖然少年得志，但勤儉的家風不改。他的一條棉被已經很破舊了，但還是捨不得換掉，依舊蓋著。范鎮知道後，給他送去一床新被子。司馬光把舊被套鋪在桌上，用隸書規規矩矩地把范純仁所寫的《布衾銘》寫於其上。

司馬光不僅自己這樣做，也教育全家過勤儉的日子。全家都吃素淡的食物，穿樸素的衣服。司馬光以儉傳家，並充分的表現在他對兒子的教育上。

司馬光三十歲得子，其珍愛程度可想而知了。但是，珍愛不是溺愛，司馬光常常告訴兒子：「節儉是各種好品德的共有特點，有好品德的人都是由節儉而來的。要切記『君子以儉爲德』，要『勤身節用』。」

爲了使兒子瞭解崇尚儉樸的重要，他寫了一篇論儉約的文章。在文章中他強烈反對生活奢靡，極力提倡節儉樸實。在文中他明確指出：

其一，不滿於奢靡陋習。他說，古人以儉約爲美德，今人卻因儉約而遭譏笑，實在是要不得的。他又說，近幾年來，風俗頹弊，講排場，擺闊氣，當差的走卒穿的衣服和士人差不多，下田耕種的農夫也腳上穿著絲鞋。爲了酬賓會友「常數月營聚」，夜夜笙歌。他非常痛惡這種糜爛陋習，爲此，他慨歎道：「居位者雖不能禁，忍助之乎！」

其二，提倡節儉美德。司馬光讚揚了宋真宗和仁宗時，李亢、魯宗道和張文節等官員的儉約作風，並爲兒子援引張文節的話說：「由儉入奢易，由奢入儉難」，他告誡兒子這句至理名言是「大賢之深謀遠慮，豈庸人所及哉。」接著，他又援引春秋時期魯國大夫御孫說的話：「儉，德之共也；侈，惡之大也。」

接著，他對道德和儉約的關係作了辯證而詳盡的解釋。他說：「言有德者皆由儉來也。夫儉則寡慾。君子寡慾則不役於物，可以直道而行；小人寡慾則能謹身節用，遠罪豐家。」反之，「侈則多欲。君子多欲則貪慕富貴，枉道速禍；小人多欲則多求妄用，敗家喪身。」

其三，教子力戒奢侈以齊家。司馬光爲了教育兒子應警惕奢侈的禍害，常常詳細列舉史事以爲鑑戒。他曾對兒子說過：西晉時何曾

「日食萬錢，至孫以驕溢傾家」。石崇「以奢靡誇人，卒以此死東市。」近世寇准生活豪侈冠於一時，「子孫習其家風，今多窮困」。

司馬光還不斷告誡孩子說：讀書要認真，工作要踏實，生活要儉樸，表面上看來這些皆不是經國大事，然而，實質上是興家繫國之基業。正是有這些道德特質，才能修身、齊家，乃至治國、平天下。司馬光關於「由儉入奢易，由奢入儉難」的警句，已成爲世人傳誦的名言。在他的教育下，兒子司馬康從小就懂得儉樸的重要性，並以儉樸自律。他歷任校書郎、著作郎兼任侍講，也以博古通今，爲人廉潔和生活儉樸而稱譽於後世。

清朝名臣曾國藩也非常注重節儉。

曾國藩出身低微，然而他不僅學識淵博、見識宏廣、文武兼備；而且當時的朝庭信賴他，滿朝文武官員欽佩、尊敬他；死後被謚爲「文正」、被譽爲「中興第一名臣」。曾國藩的一生，不但謙虛誠實而且教子有方，他特別教育子孫要艱苦樸素。

曾國藩在京城時，見到不少高官子弟奢侈腐化，揮霍無度，胸無點墨，且目中無人。因此，他不讓自己的孩子住在北京、長沙等繁華的城市，要他們住在老家。並告誡他（她）們：飯菜不能過分豐盛；衣服不能過分華麗；門外不准掛「相府」、「侯府」的匾；出門要輕車簡從；考試前後不能拜訪考官，不能給考官寫信等等。

因此，他的子女因爲自己的父親是曾國藩，反而更擔心自己的言行不夠檢點、學識不夠淵博而損害自己的父親的聲譽。所以他們磨礪自己，迎難而上、奮發圖強。

一個人的美德源於節儉，其劣行始自奢侈。因此，很多的現代人也非常注重教育子女從小就養成艱苦奮鬥、勤儉節約的優良品德。

有位父親平時的生活十分簡樸，對自己的孩子要求也十分嚴格。

這位父親經常讓自己的孩子背誦古詩《鋤禾》，他總是教育孩子們要愛惜糧食，誰吃飯時掉了米粒，他就要孩子撿起來吃掉。他還教育子女愛惜書本、文具，時時處處都要懂得節約。

這位父親也很注重教育子女們愛惜東西，自己也是這樣做的。他洗臉的毛巾破了，補好了再繼續用，直到不能再補了，才肯換新的；牙刷的刷把斷了，用線捆上再用；衣服和襪子破了，補上補丁再穿。

這位父親十分喜歡書法藝術，天天都要練字，他用的紙是舊報紙，先寫小楷，再寫大楷，而且要兩面都寫到滿爲止。

一天傍晚，這位父親與女兒一起到院子裡散步，他們走到一顆桃樹邊，父親發現桃樹的樹幹上凝聚著一塊塊的樹膠，就高興地找來一張紙，把樹膠刮下來包好，女兒奇怪地問：「爸，這有什麼用？」

這位父親興致勃勃地告訴她：「這膠可以粘接掉下筆頭的毛筆。」

「粘毛筆？」女兒更奇怪了，「買一支毛筆才需多少錢？何必費那麼多的工夫？」

這位父親笑了笑說：「可是，我少買一支，別人就可多買一支，我們不去買，別人不就可以去買了嗎？社會的資源，大家都要愛惜呀！」

這位父親就是在這一點一滴的小事上，處處注重節儉並時時教育自己的孩子。

教子節儉是我們中華民族的優良傳統。現在人們的生活水平普遍的提高，因此，有些年輕父母就忽視了教育孩子節儉的傳統美德。對子女嬌生慣養，百依百順，有求必應，也從不考慮這些付出是否合理。有些家庭的經濟並不富裕，也是硬著頭皮跟著潮流走，人家孩子買什麼、穿什麼、吃什麼，也盡量照樣滿足孩子的要求，卻不是設法去進行引導、指點，加以糾正，而是盲目的任奢侈的心態滋長、蔓延和發展。

不可否認，父母手頭上的錢多了，讓孩子吃好一點，穿美一點，玩得痛快一點，這是理所當然，無可非議的。但對於孩子的過高要求，要什麼有什麼，溺愛有加，這就不利於孩子的健康成長。因爲，孩子年齡小，尙不懂得父母賺錢是不容易的。從小茶來伸手，飯來張口，不思進取，缺乏理想和嚮往，將不利今後走入社會。願每位父母、長輩們，都能重視教導孩子節儉，從小就培養和教育孩子要有強烈的求知慾，堅強的上進心和無私奉獻、節儉爲榮的美德。

09.「一毛不拔」V.S.「打腫臉充胖子」

愛因斯坦認為：「每一件財產，都是一塊絆腳石。」

儉節約既是對創造財富的勞動者的尊重，也是對用自己的血汗錢購買物品的父母的尊敬。

為了培養孩子勤儉節約的習慣，父母們可以參考以下的建議。

一、培養孩子勤儉節約的意識是塑造良好品德的開端

美學大師朱光潛曾經說過「有錢難買幼時貧」，這並不是讓孩子去過苦行僧的生活，而是爲孩子創造儉樸的家庭環境，讓孩子繼承中華民族的儉樸美德。

二、讓孩子從小事做起，養成節約的習慣

首先，要在生活細節上養成節約的習慣，比如：愛惜食物、隨手關燈、一水多用、愛護衣物等；其次，在使用學習用品上要愛惜，不要因爲寫錯一兩個字就撕掉一大張紙，不要老是弄壞或弄丟文具等。

三、讓孩子初步懂得金錢的作用和合理的消費

錢與購物之間的關係，在認識錢幣的過程中，孩子已經明白。正確地說，錢的作用在於透過購物、繳費等活動達到其他目的，如購買吃穿物品，使人得以生存；用錢繳學費，讓孩子能受到一定的教育，而得以發展；花錢娛樂，讓我們在運動、休閒中使身體能夠健康發展；透過捐款助人而得到精神上的滿足。

我們自然不能奢望孩子完全理解金錢的作用，但在孩子認識金錢的時候，要讓孩子樹立起「錢是有用的，但錢也不是萬能的」意識。這是教會孩子如何選擇、如何做出正確決定的依據。

讓孩子在實際生活中，初步懂得合理的消費，並學習選擇。如：外出要搭（開）車時，可和孩子商量選擇途中風景較好的一段路下車，徒步前往。途中一邊欣賞風景，認識各種花草樹木，一邊說說唱唱，或玩玩成語接龍，說反義詞等遊戲，讓孩子體會徒步前往目的地的樂趣。事後再與孩子一起核算，透過步行，少坐了一段路的車，省了多少車（油）錢，可以轉作什麼用途。同樣，把去兒童遊樂場改為去戶外爬山；把去肯德基吃炸雞改為吃自助餐，把去看電影改為去公園……盡量讓孩子明白，日常生活離不開金錢，但生活中的許多樂趣並不是用金錢都能換來的。

四、應該讓孩子瞭解家庭收入和支出

有些家長、特別是獨生子女的家長，常常在家庭經濟窘迫的情況下，仍想盡辦法去滿足孩子的各種消費需求，造成家庭經濟更加的窘迫。

讓孩子瞭解家庭的收支狀況，理解家長在開銷上的額度和限制，樹立起良好的理財觀念。

讓孩子瞭解家庭的收入和支出，有助於孩子克服攀比心理和亂花錢的毛病。

五、樹立適度消費的觀念

家庭經濟條件較好的孩子，也需樹立節儉觀念，不可透支消費。要讓孩子意識到，自己還沒有真正透過自己的勞力爲社會、爲家庭創造財富，衣食住行和接受教育尙須靠父母和國家承擔，所以沒有理由在生活消費上提出過高的要求。

父母要有正確的消費觀念、消費行爲，並引導孩子不去攀比，不去追求時髦，不去追求名牌。

有一些孩子喜歡用父母的勞動所得大方的獻愛心、幫助別人，這是不值得提倡的。應當教育孩子：靠自己的力量幫助別人才有意義。

讓孩子知道幫助別人的方式有很多種，可以是物質的、也可以是精神的，在自己還沒有能力創造財富，無法以金錢來幫助別人時，可以選擇其他的幫助方式。

對於孩子的不合理要求，家長要敢於說「不」。

六、在孩子的零用錢上也不能疏於管理

父母有必要教育孩子從小養成勤儉樸素、自立自強的好品格。金錢買不來成績，換不來成功，養不成孝子，做父母的一定要教會孩子花應該花的錢，絕不能花不該花的錢。

有些家長缺少這樣的理念，儘管他們自己的經濟並不寬裕，但對孩子卻給了許多的零用錢，且不去問這些錢的用途，殊不知，這樣反而會害了孩子。

要教會孩子如何正確的運用零用錢，要告訴孩子少把零用錢花在吃、喝、玩、樂上，並告訴他這筆錢可以用在什麼地方，最好用在

哪些方面，使零用錢用得其所，發揮它的最好效益。比如，可以引導孩子把零用錢用在購買文具用品、課外讀物上或者用在集郵上。還可以引導孩子把部分零用錢，用在捐助給貧困的人等有益的活動上，以培養孩子的社會責任感和良好的品行，使孩子既開闊了視野，又陶冶了性情。

父母要結合對孩子使用零用錢的教育，培養孩子初步的自我管理錢財的能力。零用錢對大人來說雖然不多，但對孩子來說可能是一筆可觀的財富。

因此在教育孩子正確的使用零用錢的同時，也要培養孩子以後的理財能力，教會孩子有計劃、有選擇地花錢。

總之，父母在孩子的零用錢這種「小事」上，千萬不能疏於管理，放任自流。否則，將不利於孩子的健康成長，甚至可能會鑄成難以挽回的大錯。

七、允許孩子在一定條件下自己計劃花錢

限制孩子不准花錢，並不是解決孩子亂花錢的好辦法。對於國中以上的孩子，家長可以考慮在家庭經濟條件允許的範圍內，由孩子掌控自己的日常開支，這有助於幫助孩子學會計劃花錢。

在指導孩子自主消費的過程中，家長可以給孩子提出建議：量入爲出，避免攀比；學會計劃，適當存款；比較價格，理性購物；明智選擇，自我保護。

八、讓孩子以生活中的強者為榜樣

科學巨匠愛因斯坦認爲：「每一件財產，都是一塊絆腳石。」他的一生是勤儉樸素的一生。

有個朋友見愛因斯坦總是穿著舊大衣，就勸他添件新的。愛因斯坦說：「這有什麼關係？反正紐約誰也不認識我。」愛因斯坦成名後，仍穿那件舊大衣，那位朋友又勸他添件新大衣，愛因斯坦又說：「何必呢？反正在這兒誰都認識我。」正是愛因斯坦將全部心思放在科學研究上，從不講究吃穿的精神，才使他成爲偉大的科學家。

青少年正處在增長知識的重要階段，更需要把吃穿放在很輕的位置上，像愛因斯坦那樣，養成勤儉樸素的生活習慣，將全部心思放在學習上，才能夠掌握好立足社會所需要的科學文化知識，從而在競爭日益激烈的社會中，立於不敗之地。

第三章

重視對孩子良好心理素質的培養

01.「清心寡慾」謙謙君子的致命傷

競爭總是伴隨著成功和失敗的，怎樣正確對待輸贏將直接影響一個人的競爭行為，因此競爭最終將是意志力的較量。

我們的民族曾經大力提倡和推崇過「清心寡慾」，從莊子的虛無主義，到老子的「無爲而治」，從儒教的「重義輕利」，到佛教的「四大皆空」，無不要求人們放棄追求和進取的雄心。這些東西結合在一起，構成了「清心寡慾」這深刻而又久遠的思想淵源。

古人修身養性，常把「清心寡慾」奉爲信條之一；懷才不遇的文人騷客，也常以「清心寡慾」來平息意中不平，沖淡心中失意。

至於封建社會經濟制度下的舊式農民，則更要時常用「清心寡慾」來進行可憐的自我安慰和自我麻醉。貧窮把舊式農民的願望壓抑到最低的生理限度，愚昧使他們無所求，封建專制更使他們不敢有所求。他們無力同自己的命運抗爭，一小塊土地便是永恆的樂園。如果風調雨順，那是上天的恩賜；一旦徭輕賦薄，則更是皇家的仁慈。「清心寡慾」不僅使他們在最低生理限度的生活中，獲得一點點可憐的歡樂和慰藉，而且在封建專制統治下，也是他們避免遭禍的一種武器。

凡事知足、隨遇而安以至逆來順受，是封建專制時代所要求的道德規範。而一切與之相反的思想、行爲，都被視爲「大逆不道」，對古聖賢一言稍有微辭，就是「異端邪說」。

因此，舊式農民有著十足的膽小怕事心理，一代接一代的長輩們，無不以「清心寡慾」、「知足常樂」訓誡和管教後輩。就這樣，統治階級的大力推崇，文人墨客的渲染稱頌，加之平民百姓世代相傳的「祖宗遺訓」，竟使得「清心寡慾」久相流傳而不息。隨著歷史長河的流逝而深刻地滲透到民族心理素質之中，達到了「刻骨銘心」的程度。

當然，「清心寡慾」未必就是惡德。對於那些貪得無厭、利慾熏心的人來說，「清心寡欲」不失爲一副有效的良藥。清心寡慾，能使想入非非者現實一些，使貪婪之徒清廉一些，使牢騷滿腹、常懷不平的人心情平靜一些。對這部分人來說，確實有必要提倡一下「清心寡慾」。但是，對於多數人來說，卻很難說「清心寡慾」是一種美德，它的本質是消極的、保守的、沒有出息的。

清心寡慾就意味著放棄追求和進取，意味著停滯、守舊和無所作爲。它只有過去，沒有未來，只有活著的動機，沒有生活的激情。它是希望的泯滅，進取動力的乾涸和社會活力的衰竭。如果，現代青年都來「清心寡慾」，人人無遠大志向和追求，那麼，我們的民族就將是沒有希望的民族。

另一方面，中國人愛把含而不露看作一種美德，一個人的優點、成績和才能，只能由別人來發現。至於自己，儘管我們已做出許多成績，有淵博的知識和驚人的才華，也只能說自己才疏學淺。如果有誰鋒芒太露，就容易召來非議。人們喜歡恭順謙讓者。

因此，「毛遂自薦」的故事，聽起來總不如「三顧茅廬」那樣入耳。勇於表現自己才華的人，也總不如「謙謙君子」那樣受到歡迎。

然而，在今天競爭激烈的年代，一味地做謙謙君子，卻有可能成爲一大缺點。競爭就是要「競」要「爭」，就是要敢於和別人去一比高下。

今天的時代，是個快節奏、高效率的時代，需要的是乾脆利落、敢斷敢行的作風。時間那麼寶貴，人們忍受不了那種慢吞吞、羞答答的謙遜，不要聽那種婆婆媽媽、拐彎抹角的自謙之辭。你行，就來做；不行，就讓開。故作姿態的謙虛，完全沒有必要。在現代的社會裡，精明的企業家招聘員工，聰明的領導者挑選下屬，並不是先看一個人怎樣言辭周到、謙恭有禮，而是先看你有多少真才實學。

我們應當實事求是地宣傳自己：你有什麼長處，有哪些才能，想做什麼，能做什麼。大方的表白，使別人瞭解你。這樣，反而容易使我們得到機會。

現代的競爭在很大程度上就是機會的競爭，機會是至爲寶貴的。我們一遇到機會，就應當緊緊地抓住它。大畫家徐悲鴻是一位伯樂，傅抱石的才能就是他發現的，但發現的緣由卻是出於傅抱石的自我推薦。假設傅抱石不趁徐悲鴻途經南昌的機會去拜訪他，或因矜持、靦腆、猶豫，見了大師不敢拿出自己的作品，說話吞吞吐吐、含含糊糊，又怎能得到徐悲鴻的賞識和幫助呢？

現代的社會是一個充滿競爭的社會，競爭在一定程度上使社會變得富有生命力。一個人只有在競爭中取勝，才能在事業上取得成功。因此，讓孩子學會競爭，培養孩子的競爭意識和競爭能力，已成爲當前家庭教育的一項重要內容。兒童競爭意識的培養必須透過正面教育來實現，在日常的生活、工作、學習中持續訓練，逐步養成良好的習慣，形成較好的競爭能力。

改變傳統的教育觀念和評價孩子的標準

我們經常把「孩子真聽話」、「真乖」作爲好孩子的評價尺度。顯然，這一觀念已經陳舊。從孩子未來生存發展的需要來看，從小培養孩子具有獨立自主意識、堅強的意志、敢想敢做、勇於創新、創造的精神及其勇於和敢於迎接挑戰、挫折與艱辛的心理素質，才是符合現今社會潮流的教育觀念，要鼓勵孩子勇敢地走出書房，走出家庭和社區，放眼世界，放眼未來，樹立雄心壯志。

在培養孩子創造性思維方面下功夫

在很大程度上，當前的應試教育既束縛了兒童創造性思維的發展，也決定了家長循規蹈矩的教育方式。所以，家長在教育孩子時，要善於激發兒童的求知慾望和求知興趣，鼓勵孩子勤動腦、動手、動眼、動口，不唯書，不唯上，善於發現問題，提出問題，並嘗試用自己的思路去解決問題。家長不能拘泥於書本、拘泥於現成的答案和傳統的教育模式來限制孩子，束縛孩子的手腳。當孩子表現出其新思想，有了新發明，家長應及時予以表揚，並鼓勵孩子持續探索。一個具有創造性思維的人，就是一個具有競爭意識和競爭能力的人。

培養和發展孩子的個性

發展兒童的個性是目前教育界的一個熱門問題。這是因為人的個性品質中的能力、性格、氣質、意志以及需要、動機、興趣、愛好、信念、情感等，能反映出人的能動作用和主體意識，是和一個人的創造力、競爭能力緊密地聯繫在一起的。發展兒童個性應從兒童本身的需要、興趣出發，讓孩子不但擁有廣闊的知識背景，更有幾種特殊才能和本領，具有較完善的人格，從而在激烈競爭的社會中立於不敗之地。

培養孩子的競爭意識應從小開始，從小事做起。在培養孩子競爭意識的過程中，也應讓孩子明白，競爭不應是狹隘的、自私的，競爭者應具有寬闊的胸懷；競爭不應是陰險和狡詐，暗中算計人，而應是齊頭並進，以實力超越；競爭不排除合作，沒有良好的合作精神和團體信念，單槍匹馬的強者是孤獨的，也是不易成功的。

家長應鼓勵孩子參與團體競賽，為團體的取勝盡最大的努力

以班、組爲單位的智力競賽、體育比賽等，是一種團體競爭行動，要求每個人既要發揮最大的潛能，又要互相合作協調，使整體作戰成功。目標是既要戰勝對方，但又不能傷害對方，孩子從中可學到許多競爭的方式和方法：公正、平等，促進孩子良好競爭意識的形成。

給孩子尋找對手，讓他立志超越

父母應該有意識地給孩子尋找一兩個競爭對手，讓孩子暗中使勁，與對手展開競賽。但在選擇對手時，應注意不要與自己孩子的實力差距太大。以免使他產生望而生畏、高不可攀的心理。最好是選擇比自己的孩子水平略高一籌的，這樣較容易激起他超越的信心和勇氣。

教育孩子正確對待競爭中的勝利與失敗

競爭總是伴隨著成功和失敗的，怎樣正確對待輸贏將直接影響一個人的競爭行爲，因此競爭最終將是意志力的較量。家長要讓孩子意識到：勝利時，要想到一山更有一山高的道理，終點永遠在前面；失敗時，也別以爲世界末日到了，關鍵是找出失敗的原因、努力的方向。勝利時洋洋得意，失敗時垂頭喪氣都是缺乏良好競爭意識的表現。

一般說來，一個人經歷的考驗越多，承受困難和壓力的能力就越大，意志就會磨煉得越堅強，也越不害怕競爭。在家庭中我們常常看到父母與孩子玩競爭性遊戲（下棋等）時，往往是讓孩子以取勝來結束遊戲。這對讓孩子感受一定的成功是有必要的，但長期如此，容易產生負面效應，使孩子變得輸不起。我們一方面要對孩子提出適度的期望和要求，使孩子從成功中樹立自信，從而敢於面對競爭，另一方面又要讓孩子有適當的挫折體驗，以鍛鍊孩子的意志，讓孩子感受到失敗並不可怕，只要克服困難，就能進一步獲得成功。

02. 放手讓我去冒險

敢於冒險，就是要堅決的摒棄甘居平庸的心理。

在我們的傳統民族性格中，對謹慎是十分推崇的。謹慎，確實是我們辦好事情的前提條件。如臨深淵，如履薄冰，有了這種小心謹慎的態度，跌的跤就肯定要少一些。但是，在複雜多變的現代社會，未來的形勢常常不是很明朗，過於強調小心謹慎，以至於處處謹小慎微，就會嚇得我們不敢行動。因此，現代人既要有謹慎的性格，也要有敢於冒險的精神。

冒險，曾經是一個不怎麼光彩的名詞。頭腦簡單者，曾給這個詞添上魯莽的色彩。利慾熏心者，又曾給這個詞添上投機的色彩。其實，冒險和成功常常是相伴的，尤其是現代，冒險精神更爲競爭所必需。

敢於冒險，就是要堅決的摒棄甘居平庸的心理。人生，應當如大海的波濤，既有高高的波峰，又有深深的波谷，在連綿不斷的起伏跌宕中譜寫出激昂的人生之歌。沒有風浪，平靜如一潭死水的生活，又有多少蕩人心魄的力量，有多少可以引起自豪的成分呢？對於強者來說，無險不足以言勇。因此，一個真正的強者，厭惡平淡無奇的生活，他們渴望冒險，希望在生活中掀起巨浪，喜歡充滿傳奇色彩的浪漫生活。從這個意義上來說，敢不敢冒險，正是區別強者和弱者的標誌之一。

作爲現代家長，應該讓孩子盡力去學會排除害怕冒險的心理障礙，培養敢於冒險的精神。

要讓孩子敢於積極嘗試新事物

魯迅是二十世紀中國最偉大的文學家、思想家，他對許多問題的看法都入木三分。他對兒童教育更有其許多獨到的見解，其中蘊含了「學會嘗試」的呼喚。他以「幼兒學步」爲例，深刻的描述出嘗試的意義。他說：「孩子初學步的第一步，在成人看來，的確是幼稚、危險，不成樣子，或者簡直是可笑的。但無論是如何愚昧的婦人，都是以急切的希望之心，看孩子跨出這第一步，絕不會因爲孩子的走法幼稚，怕要阻礙闊人的路線而逼死他，也絕不至於將孩子禁在床上，使他躺著研究能夠飛跑時再下地。因爲她知道：假如這麼辦，即使孩子長到一百多歲也還是不會走路的。」

魯迅指出，沒有嘗試的學習，永遠不能學會學習。與此相適應，魯迅對於長者提出了自己的要求：「長者必須是指導者、協商者，卻不該是命令者。」

孩子天生就是積極的，勤快的，他一張開眼睛，就嘗試到處看看，當他能控制自己的動作時，他喜歡到處爬，到處摸，什麼都拿起來咬，大人做什麼，他也模仿著做什麼。當然，因爲很多事情他是第一次做，所以很容易出錯，如果每次嘗試大人都報以厲聲呵斥「不准……」或大驚小怪地驚呼「危險！不要……」時，孩子就好像被電擊了一樣，久而久之，孩子就學乖了，哪兒也不能碰，不准摸，不可以試，那就不碰、不摸、不試，他認爲這樣才是大人眼中的好孩子。再長大一點，孩子就漸漸地變成該做的事情也懶得去做了。

所以，如果不想讓孩子變得怯懦，想讓他保持自信、積極進取，家長就應該記住：當孩子做出某種嘗試時，只要不是危險的和損害別人利益的，大人就應該鼓勵，並且提供機會讓他大膽嘗試。要讓孩子明白，誰都有失敗的時候。這樣，孩子每次嘗試做一件事情時，他得到的都是獎勵而不是「電擊」，如此一來他當然會很有自信，樂意一而再再而三地努力去做自己還不會做的事情。長大之後，他很自然就會成爲一個勇敢的、樂於嘗試新事物的、敢於冒險、積極向上的孩子。

激發孩子的冒險精神

兒童與成人對世界和社會的認知，是處於完全不同的兩個層次。許多在成人看來是熟悉的東西，但在兒童的眼裡卻是新奇的；許多在成人看來是正常的事情，但在兒童的心裡卻充滿了刺激。因此，父母在安排培養孩子冒險精神的通道時，應先琢磨清楚孩子的思維，站在孩子的立場上，即來一個換位思考，並循序漸進。比如：孩子一歲左右剛學走路時，就要鼓勵他獨立前行，即使摔倒了，也要鼓勵他自己爬起來繼續獨立前行；孩子三歲左右上幼稚園時，就要鼓勵他識路，要幫助他懂得一些交通規則，並在交通情況不很複雜的情況下，採取尾隨的方式，讓他獨立上幼稚園（學校必須是在自己的住家附近）或到一定的目的地。與此同時，在安全有保障的前提下，鼓勵孩子玩鞦韆、玩滑板。在孩子五六歲時，在確保安全的前提下，鼓勵孩子學游泳、學騎自行車，還可以鼓勵孩子去防空洞裡玩遊戲。當然，在家庭經濟條件、社會條件和環境條件以及孩子身體條件允許的情況下，也不妨讓孩子參加滑雪、登山、高空跳水和漂流等活動，激活孩子的冒險精神，讓孩子在這種「冒險」的過程中，品格更堅強、更勇敢、更富冒險和探索的精神。

給孩子適當冒險的機會

敢於冒險的教育不能是口頭說教，而需將教育貫穿在日常生活中，使孩子在真實的生活事件中得到鍛鍊和考驗。只有這種潛移默化的教育才能影響孩子的一生。對此，專家有兩項建議：

一是放手。我們的家長通常是對孩子放手較少，總希望孩子生活在自己的庇護之下，認爲只有這樣孩子才能健康長大，才能在一個合理而安全的環境裡長成一個有用的人，其實這種觀點是不對的。如果家長能夠大膽放手，多讓孩子去體驗、去鍛鍊、去實踐，孩子的能力就能夠得到增長，並更加願意去嘗試、去探索。反之，如果家長老是不敢放開，緊握著孩子的手，久而久之，孩子會變得膽怯、內向，從而無法嘗試新事物。

二是鼓勵。要冒險就有可能遇到困難、危險、失敗，這些自然是家長們不願意看到的狀況，如果家長因爲孩子的某些冒險做法而責備他們，訓斥他們，孩子就漸漸地變得不敢去探索。也許孩子的一些行爲看起來有些單純、簡單，甚至有些愚蠢，這些都沒關係，只要家長經常給孩子鼓勵，多讚揚他們的行爲，就能使孩子得到鼓舞，並逐漸增加冒險精神。

03. 培養孩子良好的意志力

高爾基說：「一個人追求的目標越高，他的才能就發展得越快，對社會就越有益，我確信這也是一個真理。」

人的意志不是天生就有的，而是在後天的生活與實踐中，在教育的作用下，透過自己的努力而逐步發展起來的。心理學家曾經對這個問題進行長時間的追蹤研究。研究的對像是一百名經過訓練具有堅持性的幼兒和一百名沒有訓練過的、缺乏堅持性的幼兒。從幼兒期開始觀察研究直到青年期。

研究結果顯示：前者當中八十四人有主見，意志堅強；後者當中僅有二十六人意志比較堅強。這說明良好的意志力可以透過有效的培養而得到加強。那麼，家長該怎樣培養孩子良好的意志力呢？

教孩子立大志

這正如高爾基所說：「我常常重複這樣一句話，一個人追求的目標越高，他的才能就發展得越快，對社會就越有益，我確信這也是一個真理。」

一個人爬樓梯，分別以六層為目標和以十二層為目標，其疲勞狀態出現的早晚是不一樣的。一位美國成功學大師總結了人們生活中的經驗，認為：把目標定在十二層，疲勞狀態就會晚出現些，當爬到第六層時，我們的潛意識便會暗示自己：還有一半呢！現在還不能喊累。於是就鼓起勇氣繼續往上爬……在這裡，目標高低帶來的自我暗示，幾乎直接決定了我們行為動力的大小。

其實，在我們的成長過程中，幾乎無時無刻不在「爬樓梯」，或許我們會意識到其中起作用的不只是生理因素，心理因素的作用將占極大的比重。更進一步說，就是把期望放在實現自我激勵上。

提高需要層次和強化優勢動機必須有具體的方法。清醒地意識到激勵因素在自己心理活動中的作用，並嘗試運用自我激勵的方法，便是有效的方法之一。人的需要結構和動機體系都是在一定的社會環境中建立起來的，環境對人們心態的影響常常表現為一種刺激，如果這種刺激是一種良性刺激，不論是來自內部或外部，都會對需要結構的調節和需要層次的提高產生良好作用，這便是激勵。不滿足於現狀，是人的心理常態。當別人向我們指出，或是透過學習思考發現，我們有可能改變現狀、做得更好、獲得更大的成功時，激勵便有了立足之地。

需要無止境，激勵在各個層次上發揮作用的機會便會層出不窮。因此，有理由相信：在某種程度上，孩子給自己訂的目標越高，他前進的動力也會越充足。

從小事鍛鍊孩子的意志

有人認爲只有在驚天動地的大事業中才能鍛鍊意志，這是片面的。其實，從一點一滴的小事做起，同樣能培養一個人的意志。就拿讓孩子按時起床、持續跑步這樣一些小事來說吧！如果我們不管自己和天氣的主客觀情況如何，都讓孩子從不間斷，徹底做到，孩子的意志必然會得到很好的鍛鍊。相反地，如果老是允許孩子原諒自己，老是「明日復明日」，那麼，孩子就可能會成爲意志薄弱的人。

要告訴孩子，在人生的旅途上，我們一直都會遇到意志的考驗。以戒煙爲例，美國作家馬克·吐溫曾幽默地說：「戒煙是世界上最容易的事，我已經戒了幾百次了。」在生活中立誓戒煙的人可謂多矣，但真正戒掉的人又微乎其微，這裡就是意志因素在起作用。

讓孩子持續參加鍛鍊

一般說來，身體健康、體魄強健的人，容易養成堅強的意志。古代羅馬的民諺說：「健康的精神寓於健全的體魄。」

日本學者德永等人曾對一些大學生進行跟蹤觀察，其結果顯示，體力差的學生相對來說自卑感強，神經脆弱，主觀固執，不愛活動，服從性、意志比較薄弱，而體力好的學生大多表現出相反的傾向。這都說明，堅強的意志與健康的身體有著密切的關係。

運動鍛鍊不僅是爲堅強的意志力，提供了必要的體力和充沛的精力，它還是鍛鍊意志力的極好方式。例如，長跑可以培養一個人吃苦耐勞的精神，登山能鍛鍊一個人鍥而不捨的毅力，球類運動也可以培養一個人果斷、勇敢的品質。透過各種運動鍛鍊培養起來的意志品質，又可以轉移到學習活動中去，推動學習的進行。

04. 過度保護扼殺了孩子的勇敢

在現實生活中，有些孩子較膽小怕事，缺少勇敢的精神，其中一個很重要的原因，就是家長對孩子過於溺愛，由於很多家長對子女過於關注擔心孩子受委屈、受傷害，當孩子面臨小小的困難或考驗時，馬上就把孩子置於保護傘下，剝奪了孩子鍛鍊勇敢品質的機會，長此以往，就造成孩子膽小怕事的個性。

陳鶴琴是浙江上虞人，年輕時曾留學美國。回國後在南京等地長期從事教育工作。一九二五年，他撰寫了《家庭教育》一書。此書一問世，就引起轟動，再版近二十次。陳鶴琴不只是家庭教育的理論家，也是家庭教育的實踐家。他非常重視對孩子勇敢精神的培養。

陳鶴琴在《家庭教育》一書中寫道：「要做一個現代的中國人，第一條件是要有健全的身體。身體的好壞，對於一個人一生的生活、事業及其抱負都有極大的影響。」他一向重視運動鍛鍊，並以自身爲榜樣來影響子女。

陳鶴琴認爲，不只要培養孩子健康的體魄，還應培養孩子勇敢的心理。他常對一鳴、一飛說：「堂堂男子漢，一身都是膽。」

而在培養孩子勇敢的心理方面，他十分講究教育的藝術，使孩子從膽小變得膽大。一鳴三四歲的時候，每逢炎熱的夏天，烏雲密佈、雷電交加都使他有點兒害怕。這時，爸爸就帶他到房間外的陽台上，用手指著烏黑的雲層對他說：「那一片烏雲多麼像一隻狗呀！看得出嗎？前頭是狗的腦袋，後頭是狗的尾巴。」又指著閃電說：「這閃電好像一條銀絲帶，多雪亮，多好看！」一鳴被逗樂了，他也伸著小手，對天空指指點點，從此漸漸對雷鳴電閃不害怕了。

有一次，陳鶴琴帶一鳴到草地上玩耍。父子倆興致勃勃的一起觀賞花草，識別昆蟲。突然，一隻大的癩蛤蟆跳了出來，跳到了一鳴的跟前。一鳴從未見過這麼大隻的癩蛤蟆，害怕得雙腳往後挪動。陳鶴琴忙說：「一鳴，別怕！你看爸爸來逗牠。」說著，他從地上拾起一根細枝條，輕輕地去撳壓那隻癩蛤蟆，說：「癩蛤蟆兄弟，你好嗎？你也來和我們一起玩遊戲吧！」一鳴看見爸爸與牠對話，感到新鮮有趣，便從爸爸手裡接過細枝條，也去撳壓那隻癩蛤蟆。小一鳴原來恐懼的心理消除了。

在現實生活中，有些孩子較膽小怕事，缺少勇敢的精神，其中一個很重要的原因，就是家長對孩子過於溺愛，初生牛犢不怕虎，孩子很小的時候是不知道害怕的，但是由於很多家長對子女過於關注擔心孩子受委屈、受傷害，當孩子面臨小小的困難或考驗時，馬上就把孩子置於保護傘下，剝奪了孩子鍛鍊勇敢品質的機會，長此以往，就造成孩子膽小怕事的個性，以致長大後都很難糾正。

爲了培養孩子的勇敢精神，家長應進行如下方面的努力：

透過活動鍛鍊孩子

讓孩子多進行戶外活動，如：爬山、跳躍、蒙眼前進等等，鼓勵孩子參加體育活動，在活動中安排孩子加入一些碰撞性活動，使孩子在活動中學會保護自己，又能爭取勝利。

用英雄的精神鼓舞孩子

給孩子講故事，讓孩子從故事裡的人物身上學習勇敢精神，當圖書中或影視節目中出現勇敢人物時，家長就表示讚歎和欽佩，但這時不直接要求孩子向他們學習什麼，讓孩子從成人的讚歎和欽佩中領會積極的東西。

給孩子樹立好榜樣

爲了培養孩子的膽量，做父母的要言傳身教。父母（主要是母親）不要動不動就將害怕掛在嘴上，特別是不要與某些特定的環境聯繫起來。如在黑暗中，在與孩子獨處時，此時若表現出害怕心理，孩子就會認爲這種環境是可怕的，是孤立無援的。受這種心態影響的孩子常常會在走入社會或求職或更換工作時產生恐懼心理，一個的好機會就有可能從指縫中溜掉。

05. 一蹶不振的放棄自我最可怕

如果孩子的生命是一把披荊斬棘的刀，那麼挫折就是一塊不可缺少的「砥石」。

如果我們一味呵護孩子，對他們過度保護，使他們在成長的道路上過於一帆風順，會讓孩子的心理變得十分脆弱，當孩子長大以後便難以承受環境所給予的各種壓力。一個人若承受挫折的能力差，他就會拙於應付隨之而來的消極情緒。消極的情緒會妨礙他的行動和努力，使他更易遭受失敗和挫折，進一步的失敗和挫折反過來又會加重他的消極情緒，形成一種惡性循環。可見，迴避挫折反而更容易遭受挫折，遠離成功。

一位教育學家曾說：「如果孩子的生命是一把披荆斬棘的刀，那麼挫折就是一塊不可缺少的『砥石』。」爲了使孩子生命的「刀」更鋒利些，我們應教育孩子勇敢地面對挫折的磨礪。

爲了提高孩子的挫折承受力，家長須做出如下努力：

正確的教育態度

我們常常看到一些父母在孩子跌倒、受挫時，便急於扶他或小題大做的疼惜，結果讓孩子認爲跌倒、受傷是不可發生、是難以接受、是很糟糕的事；甚至有些媽媽因爲孩子撞到桌子哭泣，便在孩子面前拍打桌子以安撫其情緒，可知這無意間所教育給孩子的不當觀念是：遇到困難就是用攻擊、報復的方法。

所以，父母能否正確地處理孩子受挫，是影響孩子未來能否勇於面對失敗或困難的一個非常關鍵性的問題，因此當孩子跌倒、受傷或受挫時，不急於伸出援手，先讓孩子嘗試自己爬起來或面對，而父母要扮演的角色是一位鼓勵者、一位陪伴者，適時給予孩子口語或非口語的鼓勵，在必要時可以協助他找出解決方法。

建立失敗的正確觀念

透過古今中外許多歷史人物或現代成功名人的例子，可以讓孩子知道失敗並不可怕，可怕的是一蹶不振，永遠的放棄自我。

透過這些偉人的事跡，也可讓孩子瞭解失敗背後的意義是不斷地茁壯成長，就如同我們的大發明家愛迪生雖然一次又一次的試驗失敗，但因爲他的不放棄，今日的我們才得以脫離黑暗，這要感謝永不懼怕失敗的偉人愛迪生。

提供承受的機會

雖然我們不可能讓孩子過像過去的苦日子，但是我們可以提供孩子承受挫折的機會，爲孩子打下勇於面對困難的預防針，提高他們受挫的免疫能力。

例如，家長可讓孩子負起某項事件的責任，從做事的過程，去考驗孩子的處事能力、人際關係的能力等。同時也讓孩子知道我們要抱持的態度是著重過程的付出甚於結果。

讓孩子知道自己有所依靠

從小爲孩子建立可提供協助的資源網，讓孩子知道當自己遇到困難挫折時可以找誰，可以去哪兒。甚至爲孩子在心中選出一位可作爲孩子學習的人，如近代的偉人；平日也可以與孩子收集一些勵志小品或名言，作爲激勵孩子的座右銘。

所謂人生不如意事十之八九，每個人的一生當中難免會面臨一些大大小小不如意的事，如何從失敗中獲取教訓，取得經驗，以克服失敗或失望所引起的情緒感受，都是我們要協助孩子去知道的。

在孩子遇到挫折時，適時地扶他一把，給予鼓勵，才能幫助孩子學會忍受暫時的焦慮與不安，加強對困境和壓力的容忍力，並且有信心和方法去克服困難。

06. 讓孩子養成樂觀的性格

讓孩子有一個活潑開朗的性格，是為人父母者共同的心願。活潑的孩子做事積極主動，思維活躍，勇於探索，能夠透過自己的學習獲得新知識和新資訊。開朗的孩子適應性強，對周圍的事情能夠保持一種樂觀的態度，對人非常熱情，也樂於與人交往。

活潑開朗的性格能使孩子保持愉快的情緒、健康的心理，有利於孩子想像力與創造力的發展；能使孩子更容易受到同伴和同學的歡迎，使孩子的個人生活充滿歡樂和情趣；還能使孩子正面地對待挫折和煩惱，有較強的心理承受能力。

那麼，家長該如何培養孩子樂觀的性格呢？

健康的身體是活潑開朗性格的基礎

如果您注意觀察，不難發現，孩子在健康的時候情緒通常都非常好，而如果生病了，就會使他的情緒和活動受到影響。有的家長反映，孩子平時很好，做什麼事情都按照規律去做，可是得了一場病之後情況全變了，這是因爲生病容易打亂他原來已經養成的好習慣。因此家長要重視孩子身體的健康，讓孩子有良好的營養、充足的睡眠、足夠的運動，以培養孩子健康的體魄。

建立與同齡孩子之間的感情

在培養孩子樂觀性格的過程中，友誼起著重要作用，所以父母要加深這部份的養成訓練，鼓勵孩子與同齡人一起玩耍，讓他們學會愉快融洽地與人交往。

教孩子調整心理狀態

要使孩子明白，有些人一生快樂，其祕訣在於具有適應力很強的心理狀態，這使他們很快地從逆境中振作起來。在孩子受到挫折時，可爲他指出前途總是光明的，使他在恢復快樂心情的環境中找到安慰。

限制孩子的物質佔有慾

因爲給孩子的東西太多會使其產生「獲得就是得到幸福的源泉」這樣一種錯覺。應使孩子懂得，人生的快樂不能僅與物質財富的佔有畫上等號。

另外，有自制能力的孩子比那些需要別人不斷提醒和反覆要求的孩子要來得幸福。自我約束是能讓孩子一生快樂的基本要素，它能讓孩子更容易知足常樂。

培養孩子廣泛的興趣

開朗樂觀的孩子心中的快樂源自於各個方面，一個孩子如果僅有一種愛好，他就很難保持長久的快樂。培養多種愛好可使孩子的生活變得更爲豐富多彩，由此他也必然會更爲快樂。但這必需以孩子自願爲前提，強壓孩子進入各種才藝班學習，並不能達到真正的目的。

家長平時要注意孩子的愛好，提供各種興趣的選擇，並給予必要的引導。孩子涉獵的愛好越廣泛，自然就會擁有樂觀的性格。

讓孩子掌握新的技能

比如，你可以教他烤麵包，先將土司抹上奶油放進烤箱裡，然後，讓他把自己做的早餐端到餐桌上，他會覺得非常有成就感和幸福。這時不需要你的表揚，他的自我感覺就非常好了。

利用遊戲來培養孩子良好的情緒

玩遊戲時是培養樂觀孩子的好時機。父母應讓孩子多和活潑大方的小夥伴接觸，在愉快的活動中建立友誼，比如：讓孩子和小夥伴們一起在玩耍中互相熟識，這對孩子生活處理能力的大小、自我表現能力的強弱有很大的關係。

孩子在玩耍中可能會弄髒衣物，父母可溫和提醒，不要因此而在孩子玩興很濃時無理地訓斥、責罵孩子，也不要強行命令孩子停止遊戲，甚至禁止小夥伴間的往來，否則會使孩子產生不滿、壓抑的情緒。

適應性差和個性內向的孩子，要先讓孩子接觸較安全的陌生環境和態度友善的陌生人，以後再逐步接觸較複雜的環境和各種態度的人，接觸的時間和次數也應逐步增加。

經過一個階段的訓練後，可讓孩子單獨接觸新的環境，讓他們學會與不同的人融洽相處，培養他獨立生活的能力，並且要不斷的鼓勵孩子繼續維持下去，孩子開朗樂觀的性格就會逐漸形成。

及時幫助孩子擺脫不良情緒

家長要認真傾聽孩子的傾訴，引導孩子擺脫困境。當孩子內心感到不安，希望向你訴說時，不要置之不理。應該放下手上的工作，坐下來認真地聽他訴說。

假如孩子表示對某一些事情感到不安或不高興時，可以告訴他，此種感受是正常的，任何人在生活中都可能會經歷這些事情。讓孩子知道，你的感覺和他一樣。用講故事的辦法告訴孩子，即使天性樂觀的人也不可能萬事稱心如意，但他們大多能很快從失意中重新站起來，並把一時的沮喪丟在腦後。

孩子有時往往會因爲一點小事而不高興，或哭或鬧或悶在心裡，整天情緒低落。這時家長應多關心引導孩子，教會他心情不好的時候出去活動，轉移一下注意力，調整自己的情緒。同時，也要多鼓勵孩子自己去克服困難。比如，家長可以：鼓勵孩子從事體能運動，如：跑步、爬山、跳繩等，也可以鼓勵孩子將心中的不悅或委曲用畫表現出來，並可以在畫中做任何處置；或是鼓勵孩子用唱歌的方式排解心中的不悅。

給他一些發呆和閒逛的時間

能夠獲得成功的孩子通常也都能夠得到快樂。然而，在幫助你的孩子準備應付未來的種種挑戰的同時，你一定要克制自己，不要用各種不同的課外活動把孩子的時間塡得太滿。在大人們都高喊減壓的年代，小孩子同樣也需要沒有壓力的空間，在各種才藝班和課程之間得以喘息。

給他們一些望著天空的雲發呆的時間，這種你看來是無聊的活動，其實是孩子想像力充分活動的時間。讓他們可以不受約束地去抓小昆蟲，堆個樣子奇怪的沙堡或者是看蜘蛛結網。這些活動都將給你的孩子一個屬於自己去探索世界和追求快樂的機會。

那麼你呢？爲什麼不試試也在自己忙碌的行程中抽出一點時間，加入孩子們的歡樂隊伍中去。從幫兒子洗個澡，到全家人在院子裡數星星，其實快樂到處都有。

教會孩子幫助周圍的人

快樂的一個重要原則就是讓孩子感覺到自己在家庭中，在周圍的大環境中都是一個有價值的成員，自己的存在是非常有意義的，可以影響到其他人的生活。

要讓孩子產生這種感覺，你就必須要多爲他製造一些給予別人幫助的機會。比如，和孩子一起整理那些他已經不再需要的玩具，捐給孤兒院，或者其他有需要的孩子。

即便是非常小的孩子也能夠感受到幫助他人的樂趣。在國外有很多專門爲孩子設立的福利機構，這些機構中最受歡迎的活動，就是教小孩子用家裡的舊衣，剪成布條來塡充玩具熊。即使是只有兩三歲的小孩子，也會興高采烈地幫忙給小熊粘上眼睛和嘴巴，然後送給孤兒院的小朋友。

發掘孩子內心的藝術世界

關於音樂的好處，你一定聽過不少，比如：古典音樂有助於孩子的大腦發育等等。其實，讓孩子接觸包括：音樂、舞蹈在內的任何一種藝術活動都是有好處的，它能夠豐富孩子的內心世界，培養孩子的藝術氣質。

此外，藝術還能給孩子帶來成就感，當他們完成一幅畫或者學會彈一支曲子，都能從中感受到更多的快樂和更多的自信。

保持家庭生活的美滿和諧

家庭和睦，也是培養孩子樂觀性格的一個主要因素。有資料顯示，在和睦家庭中大的孩子，成年後能事業有成、家庭圓滿的，比在不幸家庭中長大的孩子比例要來得高。

家庭應保持民主、和睦、關懷的氣氛，不盲目按照自己的意願去安排孩子的活動，保留孩子對合理要求的選擇權。孩子在這樣的環境中心情輕鬆愉快，言行無拘無束，有什麼想法都敢於、樂於和家長交流，孩子也較容易養成活潑開朗的性格。

家長要注意把孩子看作是平等的人，關心他們的成功與失敗，切勿用粗暴的語言對待孩子。建議您每天抽出十五 三十分鐘的時間和孩子聊天，內容可以是孩子喜歡的事、圖書、遊戲、活動等。另外，家長應注意自己的情緒、性格以及爲人處事的方式，因爲它對孩子具有潛移默化的影響，要做到樂觀豁達，不把自己的壞情緒傳遞給孩子。

07.別讓缺乏自信埋沒了自己的才華

一個充滿自信心的人之所以與眾不同，就在於他能夠在複雜的處境之中和勝負未卜之前，有積極的自我意識、明確的價值觀念和良好的自我狀態；就在於他能有意識地追求和表現人格的魅力和令人折服的堅定自信。

自信心對一個人一生的發展所起的作用是無法估量的，無論是在智力上還是在體力上，或是在做事的各種能力上，自信心都佔據著基石性的支持地位。一個人如果缺乏自信心，就會缺乏探索事物的主動性、積極性，其能力自然要受到約束。

許多人都認爲，賀麟的學術水準完全可以同新儒家的三位代表梁漱溟、馮友蘭、熊十力相提並論，然而，賀麟的名氣卻遠遠比他們遜色。這是爲什麼呢？清華大學的一位教授坦率地指出：「因爲賀麟缺乏自信心。」

賀麟自幼就被家族寄以很大的希望。在清華，他曾主編過《平民週刊》和《清華週刊》，甚至成爲「五卅慘案後援團」的主力講演者。賀麟在清華時曾受到梁啓超、梁漱溟、吳宓三位宗師的指導。

出國後，先後遊歷芝加哥、哈佛以及柏林等久負盛名的大學，並且面受巨匠的熏陶。在當代學者中，際遇如此之厚者，概無第二例。然而，賀麟並沒有取得超越上述人物中任何一位的學術實績和聲譽。還是張蔭麟在他的小傳中寫得較有預見性「注重直覺，相信權威」。賀麟就是因爲缺乏自信，才會埋沒了自己的才華。

一位教育學家曾做了一個實驗，將學習成績較差的班級的學生當作學習優秀班的學生來對待，而將一個成績優秀的班級當作問題班來教。一段時間下來，發現情況發生了變化：原來成績距離相差甚遠的兩個班級，在實驗結束後的總結測驗中，平均成績竟然相差無幾。原因就是老師們不明真相，用對待好學生的態度來對待問題班的學生，使學生們的自信心得到鼓勵，因而對學習的積極性大增，而原來的優秀班學生受到老師懷疑態度的影響，信心受挫，致使學習態度轉變，影響了學習成績。

心理學中還有這樣一個著名的實驗。一個女孩長相很醜，因此對自己缺乏自信心，不愛打扮自己，整天邋邋遢遢的，做事也不求上進。心理學家爲了改變她的心理狀態，讓大家每天都對這個醜女孩說「你真漂亮」、「你真能幹」、「你今天的表現很不錯」等讚揚性的話語。

經過一段時間的努力，人們驚奇地發現，女孩真的變漂亮了。

其實，她的長相並沒有變，而是精神狀態發生了變化。她不再邋遢了，變得愛打扮、做事積極、愛表現自己了。爲什麼會發生這麼大的變化呢？其根源就在於自信心。因爲女孩對自己有了自信，所以使大家覺得她比以前漂亮了許多。

可見，自信心就像能力的催化劑一樣，它可以將人的一切潛能都調動起來，將各部分的功能推向最佳狀態。在許多成功者的身上，我們都可以看到超凡的自信心所發揮出來的巨大作用。這些事業取得成功的人，在自信心的驅動之下，敢於對自己提出更高的要求，並在失敗的時候看到希望，最終獲得成功。

當今獨生子女的自信狀況又是如何呢？在獨生子女的人格調查中，我們發現自我接納程度高者占百分之十一點二，自我接納程度中等者占百分之六十四點三，自我接納程度低等者占百分之二十四點五。由此可見，真正具有較強自信心的人並不多。而自信心不高，自然會影響到一個人各種能力的發揮。因此，給孩子信心，教會孩子擁有自信顯得尤爲重要。

08. 可以不要說我笨嗎？

專家指出：自信心是由肯定式的教育建構出來的，否定式的教育絕不可能培養出有自信的孩子。

要讓孩子充滿自信，家長就要多肯定孩子，多表揚孩子，多對孩子進行肯定式的教育。在具體實施中，可參考如下建議：

給孩子應有的尊重和理解

受中國傳統文化的影響，我們的孩子普遍存在著遇事等待觀望，凡事不敢嘗試的現象，這些現象歸根究柢都是因爲對自己缺乏自信心，那麼孩子的自信心是怎樣消失的呢？是身為家長的我們在生活中一點一滴地把它們磨去了！

還記得我們曾經說過的話嗎？「你真笨，連這都不會？」「三歲的的孩子都比你強！」「告訴你多少遍了，就是記不住！」……在這些責備聲中，孩子認定自己是一個笨小孩，是一個不如別人的小孩，是一個記憶力差的小孩，於是，他也就放棄了努力……

我們的孩子在漸漸長大，他們需要尊重和理解，如果我們能改變一下方式，用這樣的方式與他交流或許會更好一些，如：「我覺得你這樣做會更好些……」「我的建議是……」「你願意聽聽我的看法嗎？」當我們把孩子當作一個獨立的個體來看待，像朋友般的與他們交流，給孩子應有的尊重和理解，他們會感到身心愉悅，甚至向你敞開心扉。

平常我們可以多聽聽他們對學校、對家長、對社會的看法，鼓勵他們說出心中的見解，讚美他們的點滴進步。在一種被認可、被肯定的氛圍中，孩子的自信心便會大增，思維越發敏捷，再也不是消極應付學習，而是積極主動的探求知識。

因此，在培養自信心的問題上，家長必須要認識到：尊重和理解是培養自信心的土壤，鼓勵和引導是培養自信心的最佳養料。給孩子一個溫馨的家就是要給他們一份尊重和理解。

要用全面的眼光看待孩子，不要只盯著學習成績這一個方面

學習上的落後者很可能遇到自尊心問題。這時，父母不要過分強調學習成績的重要性。對於有些事情，你的孩子確實盡了最大的努力了，仍然無法完成，父母就應該把要求降低一些。就好比一個跛腳的孩子成不了賽跑選手，那麼，你就不應用選手的標準去折磨他。然而有如此之多的父母卻要求他們才能平庸的孩子成爲大學者，這顯然是徒勞的。

每個孩子都有他獨特的一面，也有他所獨具的優點。作爲家長，要善於發現孩子身上的特點。孩子的性格、品德素質、勞動表現、交往情況、文學才能、興趣愛好、動手能力、衛生習慣等等，都是孩子身上的特點。

即使對學習本身，也應全面地去分析，不能只看分數。學習態度，預習複習情況，各門功課情況，寫字是否工整，考卷是否乾淨，會不會使用工具書，願不願意向老師請教，有沒有自己檢查作業的習慣等等，都應思考一下，一定會找出孩子的優點。

要用發展的眼光看待孩子，幫助孩子找到長處

只要細心觀察孩子，就會發現孩子有進步的地方。比如：對問題的認識提高、分析問題的能力增強、某方面的科學文化知識增加、某一次的作業進步或者某一次的考試有進步、在勞動或公益活動方面表現較好、文藝、體育取得好成績，有什麼小發明、小製作……

關鍵是要拿孩子的今天比昨天，比前天，而不是跟別的孩子比，哪怕只是一點微小的進步，也應及時肯定。不應該由於橫著比或高標準要求而看不起孩子，認爲不值得一提就把點滴進步漠視、忽略過去。應該想到「星星之火，可以燎原」，優點是一步步發展出來的。

家長應該永遠是孩子的堅強後盾，當孩子遭受失敗時，我們有責任鼓勵他，教會他怎麼應付困難。告訴孩子，任何人都有長處和短處，只知道自己的短處而不懂發揮長處是極其不利的。

有些孩子有音樂天賦，有些孩子能做飛機模型，有些孩子能夠獨立餵養兔子等小動物……做什麼並不重要，重要的是如果孩子喜歡，不妨鼓勵他發展，誰說愛好不能成爲技能呢？

爲什麼這些會是重要的呢？因爲專注或擅長一件事情能幫助孩子建立自信，如果小朋友當中只有他能與寵物小狗和睦相處、只有他能彈奏悅耳的音符，那麼孩子內心得到的喜悅和激勵自然是正面積極的。

父母的任務是成爲讓孩子信心十足的夥伴，當孩子苦惱時鼓勵他們，當孩子恐懼時給他們壯膽，並且教導他們克服困難的方法。

方法之一是自我補償，即揚長避短。父母的任務是幫助孩子發現自己的長處。

一個孩子也許會養成對音樂的愛好，也可能會製作飛機模型或者會養兔子，要不就是擅長踢足球。如果一個人在跨入青少年的階段之際，還不具備有任何技能，缺乏獨特的知識，沒有自我補償的能力，這是最危險的事。父母應努力使孩子有資格這樣講：「我可能不是學校裡最優秀的學生，但我是樂隊裡最棒的號手！」

父母可根據孩子的長處，選擇一項使他最可能獲得成功的技能，讓他學習；並觀察他學習的第一階段，鼓勵他學習下去。如果你發現這項技能不適合孩子的才能，則應另選一項從頭開始。有一項特長，可以增強孩子的自信心，在遇到挫折時得到自我補償。

具體事情具體分析

事物都是多因素的，看孩子的任何問題都應盡可能從多角度去瞭解分析，避免以偏概全，籠統否定。

比如說孩子的某次作業沒做好，錯誤較多，應該是先看看哪些題目寫錯了，出現錯誤的原因是因爲馬虎不認真，還是根本不懂。如果不懂，是老師講解時沒聽清楚，還是做作業前沒有複習（有的當時聽懂，回家後又糊塗了）。

有時是孩子抄錯了題，抄錯了答案。這樣從不同角度、不同因素一分析，就會找到問題的根源，也就有了解決的辦法。在分析的過程中，該肯定什麼，就肯定什麼，該否定什麼，就否定什麼。表揚與批評均以事實爲主，如此一來孩子才服氣。

在日常生活中尋找可讚賞的事情

孩子壞時是希望引起注意，好時希望得到讚賞，這不僅能增強孩子的自尊心，而且承認他所做的事情，會提高他的自我價值觀。即使日常生活中的一些小事，也可以提醒孩子知道他是可愛的、有能力的。

例如，在全家一起吃飯時，每個人都分享到成功和快樂，使這一時刻成為愉快的聚會而不是約束；孩子遇到困難時給予幫助；每個人都是家人關心的對象，都會受到別人的關懷和愛；家庭成員可以經常將卡片或自畫卡片貼在門上或放在桌子上，以表示相互的關愛；可以在孩子的床頭上掛上兩張照片，一張是他正在做父母讚賞的某件事，另一張是全家人愉快地在一起，以此提醒孩子的可愛和能力。

在生活中，家長要經常用微笑、讚許的話來鼓勵孩子。當孩子畫不好畫時，我們應該對他說：「你能畫好的，再畫一遍怎麼樣？」而不要責怪他：「你怎麼總畫不好呢？」因為當我們認為他畫不好時，他就會變得自卑，而變得真的什麼也畫不好。我們鼓勵他「你能畫好的」，他就會有信心越畫越好。

幫助孩子學會自我賞識

每個孩子都需要賞識，但不能在任何時候、任何情況下都使用賞識。我們需要就賞識這種教育方式提出一定的原則、標準和尺度，再好的藥也有個份量限制。

運用賞識的第一條原則是：幫助孩子從自己的行爲中獲得滿足和動力。或者說，我們要幫助孩子學會自我賞識，而不是依賴外來的獎勵；我們應該讓孩子懂得：做該做的事，並且把它做好，這本身就是最好的獎勵。

以下是幫助孩子學會如何激勵自己行動的幾個簡單辦法：

一、改變表揚用語的代名詞。戒掉孩子依賴外在賞識的一個最方便的方法，是在你對孩子的表揚中改變代名詞：只要把「我」改成「你」，把「我」（父母）對你（孩子）的表揚改爲你（孩子）對孩子自己的表揚。這種簡單的變化不但去除了讚許聲中的強調色彩，而且還可以讓孩子更加的認識到自己的行爲是正確的。

如：「你今天這麼用功，我真爲你感到驕傲。」

改爲：「你今天這麼用功，你一定爲自己感到驕傲。」

二、鼓勵孩子自己表揚自己。我們雖然可以不時的告訴孩子我們是多麼爲他們驕傲，但孩子們遲早都得依靠自己內心的動力前進。

有些孩子太依賴成年人的讚許，導致連怎樣認可自己都不知道了。幫助他們的一個簡單辦法是指出他們做得正確的事，然後提醒他們從內心承認自己。

比如，你的孩子在做錯了一件事後主動承認錯誤，這時，你可以告訴他：承認自己的錯誤需要非常大的勇氣，你應該對自己說：「我做了一件正確的事，一件了不起的事」。

你可以教孩子玩一個自己跟自己談心的遊戲：讓孩子自己給自己取一個名字，一個稱呼，並且在心裡這麼稱呼自己。這可以是一個顯赫的頭銜，比如「某某經理」，也可以是一個甜甜的暱稱。

告訴孩子，當他們感覺疲倦、煩躁、懶惰的時候，就自己對自己說話：「來吧！小機靈鬼，只剩最後一道題了，我們一起把它做完吧！我知道你一定行的。」告訴孩子，當他們已經盡了自己最大的努力，不管最後的結果怎樣，他們都應該在心裡讚賞自己：「哦，泰山，我知道你已經做了你應該做的，而且做得不錯。我知道你下次會做得更好。」

三、強化孩子的自我激勵。把孩子對自我的肯定穩定下來，並且加以強化。這非常重要，孩子們可以從中領會到：自己的努力和良好的行爲是一種很好的獎賞。

有多種辦法可以達到這個效果，這裡先簡單的提出幾個：

一是記一本成功日記。給孩子一本日記簿，讓孩子至少每週一次花幾分鐘時間寫出（或畫出）自己獲得的成功。告訴孩子，成功的定義是：自己對自己做出的任何改進，以及爲這種改進付出的努力。

二是讓孩子給自己寫信。鼓勵孩子在自己行爲良好或盡了自己努力追求成功的時候，寫一封信給自己。在寫信的時候，他可以隨意使用一個他喜歡的身份，比如自己的父母，比如班導師和校長，也可以是某個電影中的英雄。在信裡，他應該描述自己認爲好的行爲，並且對此提出讚賞和鼓勵。

三是讓孩子自己給自己設計一份獎品。在家裡準備一些類似彩色紙、畫筆、顏料、碎布等物品，告訴孩子，他只要做了一件令自己驕傲的事，並且對父母描述自己所做的事，就可以自己爲自己設計製作一份獎品：圖畫、賀卡等。

09. 別叫我「媽寶」

性格是一種個性上的心理特點，畏首畏尾、缺乏獨立性、過分依戀親人、在陌生人面前不敢說話……等等，是性格軟弱的孩子最為明顯的表現。

在性格形成的時期，孩子若表現出性格意志上的缺陷，父母應多加重視並及時進行幫助、引導。

讓孩子學會生活，掌控自己

家長的包辦代替是孩子形成性格軟弱的重要原因之一。一些家長對孩子百依百順，不讓孩子做任何事情。這等於剝奪了孩子自我表現的機會，導致了孩子獨立生活能力的萎縮。

幫助孩子正確認識自己

家長要讓孩子懂得人人都有所長，人人都有所短；不要因爲自己不如別人而產生自卑感，或因此而自暴自棄。比如：上台表演的事，父母可以對孩子說：校慶當天請小朋友表演節目，老師沒挑選你，但這並不代表你就是個笨孩子，回到家裡你可以演給爸爸媽媽看；同時在家中對孩子要少一些偏袒、溺愛，多一些客觀的評價。使孩子建立真正意義的自尊，而不是唯我獨尊。

讓孩子接觸同伴，鍛鍊自己

心理學家指出，孩子的性格在遊戲和日常生活中表現得最爲明顯，這也是糾正不良性格的最佳方式。愛模仿是孩子的一大特點，父母要讓性格軟弱的孩子經常和膽大勇敢的小夥伴在一起，跟著做出一些平時不敢做的事，耳濡目染，慢慢地得到鍛鍊。

尊重孩子，不當眾揭孩子的短

相對來說，性格軟弱的孩子比較內向，感情也較脆弱，父母尤其要注意保護孩子的自尊心。如果當眾揭孩子的短，會損傷孩子的尊嚴，無形中的不良刺激會強化孩子的弱點。

讓孩子大膽地說話

要做到這一點，功夫還是在父母身上。首先，父母應該戒急戒躁，不能當面打罵、責備，逼迫孩子說話；其次，可以邀請一些同齡小孩和性格軟弱者一起參與團體活動，這時父母可在一旁引導或乾脆迴避，讓他們有一個自由的無拘束的語言空間。如果條件允許，父母還可以經常帶孩子到一些視野、空間開曠的地帶，鼓勵孩子放聲宣洩。

讓孩子自己拿更多的主意

孩提時代的訓練是爲了使孩子有朝一日能成爲肩負重任的成人。應該鼓勵孩子按照明確的時間表年年有所長進，即隨著他年齡的增長而擔負起相應的責任。

孩子每大一歲，就應該讓他自己拿更多的主意。過分溺愛孩子的父母總是使他們的孩子落後於正常的時間表，使他們接近成年時還感到難於自己拿主意，不能實行自我約束，進而使他們面對新的選擇和責任時，不知所措、表現無能。

10. 請別讓我住「保溫箱」

「自古英雄多磨難，從來紈褲少偉男」。人的成長不可能一帆風順，總會經受一些曲折、磨難，經受一些肉體上的痛苦和精神上的打擊，才能培養出頑強的意志，鍛鍊出不怕困難、敢於面對失敗的心理品格。

大家都看過這樣一個笑話：一位母親非常的溺愛兒子，對兒子的一切都照顧得很周到。孩子一向都是茶來伸手，飯來張口的。一天，這位母親不得不離開孩子獨自出門，她怕兒子餓著，做了一個大燒餅套在兒子的脖子上，估計可以維持到她回來。幾天後，當這位母親回家時，發現兒子還是餓死了。原來，兒子吃完前面的燒餅，竟不會移動後面的……

生活中類似的事也不乏見。一位大學教授在談及大學生的自理能力現況時，舉了一個啼笑皆非的實例。有一次，他走到女生宿舍，聽到有人在哭，進去一看，一個女學生由於把一袋洗衣粉全倒入洗衣盆內，床單怎麼沖洗都沖不乾淨，她怕洗衣粉會把床單腐蝕掉就哭了起來。教授問她：「你爲什麼不看說明，按比例放洗衣粉呢？」這時她才恍然大悟。

上述問題的產生，有社會原因，但主要是家庭教育不當：

第一，有些家長對培養孩子自理自立的能力沒有深刻的認識。

第二，現在家庭中獨生子女居多，許多家長想讓孩子盡量過得舒服些，多享福、少受累。

第三，望子成龍、望子成才是家長普遍的願望，因此只把人才標準限定在智力和健康上，只重視對孩子智力的開發和身體的照顧，卻忽視了自理自立能力及其道德行爲的培養。

第四，認爲我們的社會越來越現代化，家務勞動電氣化、社會化，所以孩子不會做家事沒關係。

第五，一些家長認爲孩子還小，讓他做事還不如自己動手省事、省時間。比如：讓孩子自己穿衣服，穿得慢感冒了，還得帶他去看病，得不償失。

這些觀念均影響了父母對孩子的教育，因此，我們必須端正教育思想，樹立正確的教育觀念。我們更應注重培養孩子的自理自立能力，讓他們學會生活，學會學習。

孩子在年幼時就有一種獨立的願望和要求，儘管他們在生活上還有賴於父母的幫助。做家長的應多關注孩子獨立自主發展的趨勢，並因勢利導，從教會孩子獨立玩耍、獨立吃飯穿衣開始，逐步培養他們獨立自主的能力，只有這樣，孩子今後方可在瞬息萬變、錯綜複雜的現實社會中，充分展現自己的個性和才華。否則，就會使孩子的發展受到不應有的限制和影響。

《三國演義》中曾提及：有個開國明君爲父、一代名相爲師的劉禪，爲什麼會變成一個昏庸闇弱、毫無作爲的「阿斗」呢？這難道不是他從小唯父、唯師，缺乏獨立性、自主性的結果嗎？所以，家長切不可忽視對孩子自主能力的培養，要從小培養孩子的獨立性，要從小讓孩子學會自己拿主意。那些對孩子這也不放心，那也不放心，像保護小雞似的把孩子緊緊地圈在自己身旁的家長，到頭來只會害了孩子。在這方面，「阿斗」難道不是一個令人深思的反面典型嗎？

「自古英雄多磨難，從來紈褲少偉男」。我們都知道，人的成長不可能一帆風順，總會經受一些曲折、磨難，經受一些肉體上的痛苦和精神上的打擊，才能培養出頑強的意志，鍛鍊出不怕困難、敢於面對失敗的心理品格。生活的磨練對人生來說是重要的。在狂風暴雨中摸爬滾打，在熱血烈火中衝鋒陷陣，在險灘激流中逆水行舟——經歷過這樣的考驗，並且勝利地走過來的人，無疑是得到了一筆寶貴的精神財富。

我們今天的孩子，受到的是一種「保溫箱式」或曰「襁褓式」的教育與愛護，沒有機會接受生活的殿煉，沒有機會離開大人們的保護獨自「闖蕩江湖」。他們被培養成了懶惰、嬌氣、怕苦、怕累的大少爺和嬌小姐，心理脆弱，適應能力低下，大事做不來，小事不肯做，長此以往，難以擔當起歷史和未來的重任。

在延安時，林伯渠是陝甘寧邊區政府主席，他的兒子相特兩歲便送到延安農村托人照看。林相特活潑可愛，模仿能力極強，經常背著雙手學爸爸走路。有些朋友逗孩子玩，叫他「小主席」。林伯渠知道了，嚴肅地表示，這樣無形中會給幼小的心靈刻上超人一等的印象，並教導兒子說：「以後別人叫你『小主席』你不能接受。人家問你長大想做什麼，你要說到基層鍛鍊去，當一個普通的人。」

林相特到了上學年齡，林伯渠給他一個小小的粗布包，裡面裝上幾支鉛筆和幾本本子，語重心長地囑咐他：「要好好學習，聽老師的話，長大了，就應該懂事了。今天讓叔叔送你去，以後你就自己走。」略一沉思後他接著說：「還要給你取個名字，就叫用三吧！用三就是三用：用腦想問題，用手造機器，用腳踏實地。」

然而，如今卻有許多家長捨不得讓孩子吃一點苦，受一點累。在生活和學習上，孩子遇到一點困難，父母就心疼得不得了，趕快替他們排除，甚至越俎代庖，把應由孩子自己做的事也代替做下來。替他們洗臉、穿衣服，替他們寫作業，替他們收拾書包。上學送、放學接。學校需要勞動服務，父母跑去代勞；班上做班級海報、節慶佈置、文藝活動，父母替他們設計、編寫（而不是指導）；孩子犯了錯，父母替他們承擔責任，怕孩子受不了委屈。

颳風怕吹著，下雨怕淋著，冬天怕凍著，夏天怕熱著。這樣教養出來的孩子，就如溫室裡的花朵，經不起風雨，見不得世面，更不用談今後要如何獨立生活、立身處世？

11. 積財千萬，不如薄技在身

「積財千萬，不如薄技在身。」人貴有志，如無志，則不能立。不能立，縱有萬貫財產也會揮霍一空。

鄭板橋是清代著名的書畫家、詩人。他的書畫、書法皆享有很高的聲望。他到五十二歲時才有兒子，取名小寶。他對小寶十分喜歡。為了把兒子培養成有用的人才，他非常注重教育的方法。

鄭板橋被派到山東濰縣去做知縣，將小寶留在家裡，讓妻子及堂弟鄭墨照管。鄭板橋看到當時富貴人家的子弟，又擔心自己的兒子被嬌慣變壞，所以他身在山東，而心念在家的兒子。他想把兒子小寶委託堂弟幫忙照管，肯定會比自己更嬌慣。所以，他從山東不斷寫詩寄回家中讓小寶讀。

鋤禾日當午，汗滴禾下土。誰知盤中餐，粒粒皆辛苦。

昨日入城市，歸來淚滿巾；遍身羅綺者，不是養蠶人。

二月賣新絲，五月糶新穀；醫得眼前瘡，剜卻心頭肉。

九九八十一，窮漢受罪畢，才得放腳眠，蚊蟲跳蚤出。

小寶在母親的帶領下，一遍又一遍地背記著這些詩句，從而明白了許多人生的哲理。

「嬌子如殺子」，這是多少人用血淚換取的經驗教訓。當鄭板橋聽說在家的小寶常常對孩子們誇耀：「我爹在外面做大官！」有時還欺侮傭人家的孩子。鄭板橋立即寫信給弟弟鄭墨說：「我五十二歲才得一子，豈有不愛之理！然愛之必以其道。」必定要有愛子的辦法。以其道是真愛，不以其道是溺愛，溺愛不是真正的愛。所以，他要弟弟和家人對小寶嚴加管教，注意長其中厚之情，驅其殘忍之性。

弟弟和家人按照鄭板橋的意願對孩子進行教育，收效很大，就給鄭板橋寫了封信，講了孩子的長進，並說，照此下去，長大之後準是個有出息的人，能像你一樣，當個官。

鄭板橋看了這封信後，覺得弟弟對小寶太姑息了，這樣做對孩子並沒有什麼好處。於是，立即給弟弟鄭墨覆信說：「我們這些人，一捧書本，便想中舉，中進士，做官，如何攫取金錢，造大房屋，置多田產。起手便走錯了路，越來越作壞，總沒個好結果。」他還說：「讀書中舉、中進士、做官，此是小事，第一要明理做好人。」這裡所說的好人，是品德修養高尚的人，是有益於社會的人。

小寶長到六歲以後，鄭板橋就把小寶帶在自己身邊，他親自教導兒子讀書，要求每天必須背誦一定的詩文，並且經常給小寶講述吃飯穿衣的艱難，並讓他參加力所能及的家務勞動。學洗碗，必須洗乾淨。到了小寶十二歲時，他又叫兒子用水桶挑水，天熱天冷都要挑滿，不能間斷。由於父親言傳身教，小寶的進步很快。當時濰縣災荒十分嚴重。鄭板橋一向清貧，家裡也未多存一粒糧食。一天小寶哭著說：「媽媽，我肚子餓！」媽媽拿一個用玉米粉做的窩窩頭塞在小寶手裡說：「這是你爹中午節省下的，快拿去吃吧！」小寶蹦跳著走到門外，高高興興地吃著窩窩頭。這時，一個光著腳的小女孩站在旁邊，看著他吃。小寶發現這個用飢餓眼光看著自己的小女孩，立刻將手中的窩窩頭分一半給了小女孩。鄭板橋知道後，非常高興，就對小寶說：「孩子，你做得對，爹爹真喜歡你！」

鄭板橋對於女兒也非常關心。在他的影響和熏陶下，女兒在詩畫方面也達到了相當的水平。眼看女兒就到出嫁年齡了，還未找到合適的對象。他主動爲女兒選擇了對象，並且一反婚事風光舉辦的傳統，自己親自將女兒送到男方家裡，讓男方家人做幾道小菜，以示慶賀。當他要返回時，才告訴女兒說：「這就是你的家，你就安心在這裡過吧！」他爲了表示自己對女兒婚事的祝賀，特意作畫一幅作爲嫁妝送給女兒，在這幅畫上，他題寫了一首小詩說：「官罷囊空兩袖寒，聊憑賣畫佐朝餐；最慚吳隱奩妝薄，贈爾春風幾筆蘭。」

鄭板橋非常注重對子女進行自立教育。直到臨終前，他還要兒子親手做幾個饅頭端到床前。當小寶把做好的饅頭端到床前時，他放心地點了點頭，遂即合上了眼睛，與世長辭了。臨終前，他給兒子留下的遺言：「流自己的汗，吃自己的飯，自己的事自己做，靠天靠人靠祖宗不算好漢。」這則遺言，是對子女的囑咐，也是他對子女教育經驗的總結和概括。

我國歷代名家名人教子治家各有其術，而強調讓孩子自立，不願留錢財給後代是大多數人的共同點。

李嘉誠是香港的巨富，他非常注重培養孩子獨立生活的能力，他希望孩子依靠自己的努力來學習今後立足於社會的本領，而不要依靠父母來生活。

李嘉誠在他的兩個兒子李澤鉅和李澤楷只有八九歲時，就讓他們參加董事會，一方面讓孩子們列席旁聽，另一方面讓他們就某些問題來發表自己的見解。透過參加董事會，兩個孩子不但學會了父親以誠信取勝的生意經，他們分析問題和解決問題的能力也得到了提高。更重要的是，這段生活爲他們日後在事業上的成功奠定了堅實的基礎。

後來，兩個孩子都以優異的成績上了美國斯坦福大學。畢業後，他們向父親表示想要在他的公司裡任職，做出一番事業。李嘉誠斷然拒絕了他們的請求。他對兄弟倆說：「我的公司不需要你們！還是由你們自己去打江山，讓實踐證明你們是否合格到我公司來任職。」於是，這兩個孩子去了加拿大，一個做房地產開發，一個去投資銀行。他們憑著從小養成的堅忍不拔的毅力克服了難以想像的困難，把公司和銀行辦得有聲有色，成了加拿大商界出類拔萃的人物。

顏之推是南北朝時期的文學家和教育家。他的理論和實踐對於後人頗有影響。

顏之推非常強調對子女進行自立教育，提倡自己養活自己。他說父兄不能長期依靠，家中的財產是不能永遠保持下去的，一旦遇到不測之禍，不得不背井離鄉，就沒有人來庇護。因此，最有效的辦法，便是自己靠自己立足於世。有一諺語說：「積財千萬，不如薄技在身。」

然而，當今有不少的家長，特別是那些獨生子女的父母，他們不是想盡辦法的去教育子女發奮讀書，努力工作，而是費盡心力爲下一代積累錢財，不惜花重金買房地產，增加銀行存款，而在精神方面留給後代的卻是十分的貧乏。人貴有志，如無志，則不能立。不能立，縱有萬貫財產也會揮霍一空。

因此，奉勸天下爲人父母者，要教育自己的後代從小就要立志，家財萬貫，不如一技在身，以利將來自立於社會。

12. 自理是自立的第一步

這個世界上最可靠的不是別人，而是自己。

人生於天地之間，自立自強才是人生最重要的課題。人生最可依賴的是什麼？是知識、是智慧、是汗水。人常說：「靠人種地滿地草，靠人盛飯一碗湯」。父母都不可能依靠一生一世，更何況是他人？因此，這個世界上最可靠的不是別人，而是自己。

自強與自立是任何一個人成才所必須具備的條件與素質。生活在社會中的人們，不僅要學會生存，更重要的是要學會自強，在自強中立於不敗之地。所以，做父母的應該讓孩子多磨礪，多吃苦，跌倒了，摔跤了，也不要緊。

學走路的孩子總是要摔幾跤的，最怕的是父母因爲怕孩子跌倒，而總是抱著孩子，抱大的孩子連路都走不好，哪還談得上自強自立和成才呢？我們的家長和成長中的孩子都必須意識到：

父母不能護終生

普天之下，大凡做父母的，都疼愛自己的孩子，但疼愛的方式卻大不一樣。有的人以爲，給孩子吃好，穿好，死後還有大筆財產留給他們，這就是愛。而有的人則恰好相反，從小讓孩子吃苦受累，也不留什麼遺產給他們，讓他們自己去創立家業。在這一點上，西方的許多企業家多將財產捐出而不留給子女，足以讓我們學習。

事事代勞不是愛

不知從何時開始，父母爲子女代勞的現象舉目皆是。陪讀的父母，每天辛苦接送子女的父母，代子女做勞作，幫子女做作業的父母，乃至祖父母，外祖父母，他們整天爲小太陽忙得不亦樂乎。兒女們複習功課、做家庭作業、課外教學、參加學科競賽等，哪一項不是在家長的陪同下完成的？家長對兒女的教育可以說是「一千個用心，一萬個在意」。卻很少有人注意教育孩子應具有的獨立、自立的能力。在無憂的家庭溫室裡，孩子們弱不禁風，依賴性越來越大。

所以愛孩子，就應該給孩子一對堅強而有力的翅膀，使他能在藍天裡飛翔。

孩子的可塑性很強，在父母的羽翼下長大，雖然溫馨舒適，但永遠是溫室中的花朵；如果從小能讓孩子經風雨、見世面，培養孩子自強自立的意志品格，小樹苗就一定能長成參天大樹，相信家長們一定會有正確的判斷和選擇。

現代社會需要自強自立的青年

自立是指只靠自己的能力行動和生活。不論碰到什麼問題，要自己動腦筋思考，要用自己的力量去克服困難；自強是依靠自己的努力，立足於社會。自強自立是現代社會人所必備的素質，不能自強自立的人，必然被激烈競爭的社會所淘汰。

自強自立就是要讓孩子學會揚長避短，家長則應善於發現孩子的特長，讓每個孩子都能感覺到自己是個有用之才。三百六十行，行行出狀元，只要有理想，有志氣，努力學習，刻苦鍛鍊，自強自立，你的孩子一定是個人才。

盡早培養孩子獨立自主的能力

孩子一歲左右，就可以進行獨立自主的培養。如何讓孩子從小學會獨立自主，首先應正確地認識和理解孩子。你要瞭解孩子在各個年齡階段所普遍具備的各種能力，知道在什麼年齡，孩子應該會做什麼事情，那麼就可以放手讓孩子自己的事情自己做，而不依賴別人。

其次，還要瞭解孩子的特別性。知道孩子有哪些與其他孩子不同的地方，對這些特別之處，要相應地採取特別的教育。如有的能力是孩子的強項，那麼可以用更高的標準來要求他；若孩子生性敏感、膽小，那麼父母應多鼓勵他大膽嘗試。

與孩子建立親密的親子關係，讓孩子充分感受到愛

因爲獨立自主性的培養，需要以孩子的信任感和安全感爲基礎。只有當孩子相信，在他遇到困難時一定會得到幫助，他才有可能放心大膽地去探索外界和嘗試活動。因此，在孩子活動時，家長應該陪伴在身邊，適時的給予鼓勵。

給孩子提供獨立活動的機會和場所

孩子自立能力的培養，父母起著決定的作用。父母要創造獨立生活的機會，讓孩子用自己的智慧去想問題，用自己的雙手去做力所能及的事。在生活中，父母要有意識地鍛鍊孩子對日常生活的處理能力，一方面能鍛鍊孩子的敏捷性和獨立思考能力，另一方面還能增強孩子控制自己和應變的能力。例如，讓孩子從洗自己的小毛巾開始，逐漸學會洗自己的襪子、小衣服等。從幫父母拿筷子，拿碗，逐漸學會洗米、煮飯、洗菜。從與小朋友玩開始，逐漸學會在客人來時，迎接客人、拿食物招待客人、主動地與客人講話、求教、討論，等等。讓孩子逐漸學會自己處理日常生活中常見的問題。

父母對孩子的行爲要進行引導和具體的指導，對孩子的良好行爲進行及時的鼓勵。鼓勵孩子獨立自覺地完成各種事情，提高孩子做事的主動性和自覺性，讓孩子主動地去發展自己的能力。

如果孩子自願要求幫助父母做點小事，幫父母的忙，父母應該鼓勵並指導孩子去做，不要一直認爲孩子還小，做不了，就不許孩子動手。其結果就是孩子的能力得不到鍛鍊，也打擊了孩子熱愛勞動、喜愛探索的積極性，孩子將來就不願主動去做事情。若父母凡事包辦則會形成一旦父母不在孩子身邊指導，孩子就什麼事情都不懂也不願做的習慣。

對於孩子主動做事情的行爲，父母應該特別地加以鼓勵和讚揚。如果孩子做對了，得到了父母的表揚和獎勵，孩子知道這樣做會得到父母的獎勵，孩子就很樂意在以後常常主動地去做這些事情，以期繼續得到父母的表揚和獎勵。如果孩子做得不好，或者做了些父母不願孩子做的事情，父母也不要隨便發火，應該看到孩子的本意是想把事情做好，獲得父母的獎勵，並非有意搗亂。所以父母應該安慰孩子，並告訴孩子正確的做法是什麼，哪些事情不應該做，哪些事情可以多做。

自立，從自理開始

俗話說：「一屋不掃，何以掃天下？」同樣，不能自理，何以自立？所以，培養孩子獨立自主，應該先讓孩子養成良好的自理習慣。

許多父母在孩子的日常生活中總是照顧得無微不至。其實，有時候，父母沒必要什麼事都去管，應該讓孩子自己去做。比如，天冷的時候，父母們不要先對孩子說「該穿大衣了」，而要讓孩子自己在感受中學會加衣服。一位母親要帶孩子外出，但外面氣溫較低，母親讓孩子多穿件衣服，可孩子不肯。這位母親什麼也沒說，出門不一會兒，孩子就感覺冷了。過了好長的時間，母親才從背包裡拿出那件孩子不肯穿的厚衣服，孩子馬上接過來，二話沒說就穿上了。這位母親沒費什麼唇舌，就讓孩子承受了不當行爲帶來的後果，並且讓他學會了應該根據天氣的變化隨時加減衣物。

對父母來說，應該大膽地放手讓孩子去實踐，給孩子積累經驗的機會。經驗長見識，實踐出能力，良好的自理習慣、自理能力只有在不斷的、長期的實踐鍛鍊中才能逐步培養起來。所以，對孩子一定要從小開始就進行自理教育。父母不要怕孩子吃苦，也不要怕孩子做不好，一定要毫不動搖地堅持一條原則：凡是應該由孩子自己去做，而且也是孩子力所能及的事，一定要讓孩子自己去做。

在孩子學習自理的過程中，父母千萬不能急躁，經常說「不是這樣」、「那樣不行」之類的話，這會使孩子失去信心；也不要一看到孩子不行，就急於代勞，那樣會前功盡棄。自理是自立的重要一步，先讓孩子學會自理，才能在日後的生活中真正自主自立。

循序漸進，不隨便批評

獨立自主性的培養是一個長期的過程，需要循序漸進地進行。切不可急於求成，對孩子的發展提出過高的、不合理的要求。也不能因為孩子一時沒有達到你的要求，就橫加斥責。孩子兩歲時是培養獨立自主性的關鍵期。兩歲左右，孩子的獨立意識增強，什麼事都要堅持自己做，拒絕別人的幫助。這是孩子心理發展的第一個「執拗期」。家長正好可以因勢利導，把握孩子這個時期的心理特點，在確定孩子安全的前提下，放手讓孩子去做力所能及的事情，並適時地提供給他適當的幫助、指導和讚美，讓孩子享受到成功的快樂。

給孩子一個獨立自主的好榜樣

榜樣的力量是無窮的。如果你自己就是一個處處依賴他人，對什麼事都拿不定主意、動不動就尋求幫助的人，那你不要指望你的孩子能夠獨立自主。你的一舉一動，還有你的特質，都是孩子模仿和學習的榜樣。所以，先從要求你自己獨立自主做起吧！

13. 孩子的保命符——安全常識

在人們的日常生活和學習中，誰也不能預料會突然遇到什麼樣的意外或突發的事件。這些意外和突發事件，一部分是由客觀條件引起的，一部分是人們行為的結果。所謂「天有不測風雲，人有旦夕禍福」，正是指這些突如其來的，給人們的生活和生命財產安全造成危害的事故。

事故的發生有偶然性，也有必然性；有的可以防止，有的不能避免。

青少年學生正處於生理、心理迅速發育成長的時期，知識面逐漸擴大，求知慾強，並開始具有獨立意識和自理能力。但是他們的個性還不成熟，在許多方面仍舊幼稚，自我意識、自控能力、自我調節能力及意志發展等都還需要加強。

家長應該教導孩子應有的安全常識，幫助他們掌握必要的和相關的知識與技能，提高應變能力，這不僅能夠預防一些事故的發生和盡量減少突發事故給人們帶來的傷害和損失，還有利於青少年良好習慣的培養和形成。特別要教給孩子掌握的安全知識包括以下幾個要點：

一、日常安全知識

家長應該從小就把一些基本的安全知識教給孩子：

◆認家。節假日，帶孩子外出遊玩，時有孩子走失的意外發生。因此，在孩子開始懂事時，家長應讓孩子熟背自己的住家地址、父母的姓名和工作單位，反覆強化，直到熟練程度。

◆認人。孩子缺乏辨別能力，一旦遇上壞人就有可能上當受騙，或被拐賣，或被猥褻，甚至死於非命。因此，家長在平時要告訴孩子外面的世界很複雜，有好人也有壞人，壞人的面孔也有可能很和善、很親切。如果父母不在身邊，有陌生人前來抱你，或送你到什麼親戚家去玩時，要大聲喊叫或跑到人多的地方。

◆認藥。現在不少家庭都備有一定數量的藥品，有些藥品的外觀看起來很像鮮豔可口的糖果，錯把藥品當食品的事屢見不鮮。家長除了應妥善保管藥品外，還應教孩子逐一認識一些常用藥品，讓孩子了解藥品的名稱、用途、服用方法、注意事項以及誤吃、誤玩的危險性。

◆認工具。幾乎每個家庭都有金屬製成的小工具，如：小剪刀、縫衣針、鉗子、扳手等。孩子出於好奇、好玩，會拿出來玩耍而造成傷害。父母除妥善保管好這些工具外，還應教會孩子正確使用小工具的方法，並告誡孩子不要拿著工具追逐嬉戲。

◆認電器等用品。大多數家庭都有冰箱、電視機、洗衣機、瓦斯爐等家庭用品，一旦使用不當，便會釀成大禍。須教育孩子不亂用電器等用品，以免觸電、瓦斯中毒或爆炸。即使孩子要用（看電視、取冰箱中食品、燒開水），也要告訴孩子正確使用的方法，以免發生意外。

二、讓孩子遠離有危險的地方

要告訴孩子：有警示標誌的地方不要去，走路要遠離危樓，不要在建築工地、鐵路平交道、馬路旁玩耍；不要在變壓器附近、高壓線底下玩耍。特別是近幾年，下水道人孔蓋失竊而發生意外的事件屢屢發生，因此要提醒孩子走路要小心，以防不測。在馬路上行走或騎車要注意安全，遇到火災，或同伴溺水不要貿然搶救。同時，要教會孩子如何避開一些危險場合和應付一些突發事件，做到能夠盡量保護自己。

三、在校園活動中預防意外傷害

中小學生的校園活動可謂豐富多彩。上課、討論、打球、跑步、遊戲、做實驗等等，同學們從中既獲得了知識，又鍛鍊了體能和才能。家長一定要經常提醒孩子，參加各項活動要遵守學校的規定和注意安全，否則就有可能發生以下這些意外傷害事故：

◆摔傷。常見的有從桌椅上或從樓梯間跌落引起的摔傷。同學們佈置教室、張貼海報、擦洗窗戶等，通常要站在桌椅上完成。如果桌椅擺放不平穩，或是上下桌椅不小心時，就容易摔傷。急著上下樓梯或在樓梯間追逐奔跑而一腳踩空或絆倒，也是學生摔傷的一大原因。

◆砸傷。在運動場上，被球砸傷人的事件也是經常發生的。有時候，同學之間開玩笑，相互擲以書包、石子，也容易引起砸傷。

◆撞傷。主要是上下課時或是在運動場上，相互奔跑的雙方互撞引起的撞傷，或是急速奔跑的一方撞倒站著或走著的另一方。由於撞方處於劇烈運動的狀態，力量比較大，由此引起的撞傷通常也比較嚴重。

◆擠傷。最常見的情形是開關門時擠傷手臂或手指。人多相擁入門或相擁在狹窄的空間時，也容易發生擠傷皮膚或其他部位的事故。

同學們在日常的校園活動中，只要多多注意行爲安全和避讓他人，就能有效地防止上述意外事故的發生。

四、教育孩子避免與別人鬥毆

青少年朋友，就向初生牛犢，血氣方剛，言語之間稍有不合而導致鬥毆是極易發生的。雙方由於情緒都比較激動或某一方出現不理智的行爲，往往就大打出手，後果不堪設想，而引發鬥毆的原因可能就是些不值一提的小事。同學間互毆，首先影響了同學之間的關係，造成自己人際關係的緊張，影響自己的身心成長。因而也是一種不安全的因素。

爲了避免孩子與同學打架，家長要教導孩子注意如下幾個方面：

◆養成良好的習慣，培養優秀的個人品德和健康的心理素質。爲人處事要正直、誠懇，不要揭發他人的隱私，以免招人忌恨，遭人伺機報復；凡事要多爲他人著想，不能只從自己的角度想事情、做事情。受到他人無理嘲笑、批評或謾罵時，要心胸豁達，要能忍耐。切忌情緒激動，導致過分生氣而失去理智，與他人發生爭吵。

◆正確處理爭執。當與他人有爭執時，要主動緩和緊張關係，應以和爲貴，以溫和的姿態，主動講和或檢討一下自己行爲的不妥之處，即使有理也要先把緊張的氣氛緩解下來，等心平氣和以後再細論對錯。當雙方的爭執無法自己調解時，可以請老師、家長、朋友出面進行調解。

◆躲開愛打架鬥毆的人。遇到流氓不講理以及酗酒的人，要盡量避開。不要和這種人正面衝突，以防鬥毆、傷害的事件發生。

路上遇到不良少年打架鬥毆或無事生非時，不要圍觀看熱鬧。應該盡快離開現場，並且打一一〇報警電話報案或者請老師進行處理。

在校內或學校附近，如果發現同學之間或同學與社會上的人打架，應立即報告老師。

◆在公共場所要有公德心，不可旁若無人地高聲講話、嬉鬧，以免引起他人反感而導致毆鬥。

◆在生活中偶爾會碰到精神病患者，也需提醒青少年朋友加以防範。同學遇到精神病患者，要盡快躲避、遠離。不要取笑、戲弄精神病患者；不做刺激性舉動，以免其病發作而受到傷害。

智能低下的智障者，很少會做出傷害他人的行爲。對於他們，也不可取笑、戲弄。因爲智能低下的人，對於一些事情無法作出判斷，所以偶爾也會做出一些傷害自己或他人的事來。

五、教會孩子注意交通安全

青少年尤其是少年兒童，他們易遭車禍，這與他們的生理、心理特徵有關。少年兒童正處在身體發育時期，身手敏捷，愛動好跑。

但由於生理條件的限制，又決定了他們的活動能力與認識水平存在著知與行的矛盾，在心理上往往表現爲反應快，顧慮少，不穩定，只從個人興趣出發，不會顧及未來效果，好冒險蠻幹。

根據少年兒童生理及心理上的這些弱點，家長應提醒他們，要特別注意交通安全。

◆增強紅綠燈觀念。紅綠燈是設在街道路口的交通信號裝置。它像無聲的指揮官，不斷發出各種指令，把不同方向的車輛、行人從時間和空間上隔開，指揮它們有秩序地通過路口，以保障交通安全與暢通。小朋友們千萬不要以爲信號燈只是對汽、機車起作用，非汽、機車和行人就可以任意行走。要知道，交通信號對所有交通參與者的限制都是一樣的。「紅燈停，綠燈行」需按信號燈的指示通行，起步時向左右兩邊看是否有來車，然後從人行道穿過馬路。這樣通過路口就很安全。家長應該從小培養孩子這種紅綠燈觀念，自覺地接受交通信號的指揮。

◆學齡前兒童過馬路一定要由大人陪同。一些小朋友過馬路時，不願讓大人牽手而行，喜歡單獨行動，東奔西跑。路上車來車往，稍不注意就容易發生事故。因為學齡前兒童所觀察的視野較狹窄，無法全面觀察到道路狀況。由於經驗不足，對車速與距離缺乏正確估計。還有他們思想簡單，容易橫衝直撞。為了防止學齡前兒童在人行道上亂跑，干擾交通秩序或突然闖入快車道，家長絕對不能讓兒童單獨上街。他們如在街道或公路上行走，必須要有成年人陪同。

◆不要在車輛臨近時突然橫衝過馬路。現實生活中常見這種鏡頭：大人、小孩各走道路一邊，當遇到險情時，小孩突然向大人這邊奔跑，儘管飛馳而來的車輛緊急剎車，但車輛還是將小孩撞倒了，這種情況，主要是橫越者距離車輛太近，即使駕駛人採取緊急剎車措施，惡果仍不可避免，人在奔跑中，突然要立即停下來，人就會不由自主向前衝出幾步，這就是力的慣性作用。再說，人的大腦從接受外界信號到是否決定停步到最後停下來是需要一個過程的。汽車也是這樣，當車輛在行駛中駕駛人發現危險情況時，立即將右腳從油門踏板迅速跨到剎車踏板緊急制動時，也是需要一個過程；再加上行駛的汽車有慣性，不能一剎即停。最安全之策，只能是：不要在汽車臨近時突然橫衝過馬路。

六、讓孩子學會自救的基本知識

家長要根據孩子的認知能力，教育孩子安全用電、用火和用瓦斯，防止觸電、失火和一氧化碳中毒。家長要結合當地的氣候和地質特點，培養孩子對雷擊、暴雨、冰雹、洪水、土石流、滑坡、地震等自然災害的防護意識和自救自護能力。

此外，還要教會孩子如何應付突發事件和威脅。下列幾種方法可供參考。

◆注意獲取感覺。在緊要關頭，應該相信直覺。家長不僅要告誡孩子留神從接觸的人或事中所獲取的不安全的感覺，還要注意傾聽，鼓勵孩子講出讓他感到不安的人和事。

◆學會識別誘惑。平時，家長應告訴孩子，對於陌生人問路或請求協助，尋找丟失的寵物之類的事應保持警惕，這是犯罪分子誘拐兒童的兩種普遍策略。如：有的罪犯會假裝認識你，叫出你的名字（其實他可能是跟蹤你時，聽到有人這麼稱呼過。）；有的罪犯則自稱是消防人員，編造你家房子著火的緊急情況，等等。家長應告訴孩子：任何人甚至是警察和消防人員，在未得到孩子監護人允許的情況下，都不能將他帶走。

◆不要只關注陌生人。家長常會這樣叮囑孩子：「不要跟陌生人說話。」什麼是陌生人？孩子並不一定真正懂得。若讓孩子畫出陌生人的面孔，一般他都會畫出一個可怕的面孔。其實，那些想侵犯孩子的人一般都會裝出一副和藹可親的面孔。

據有關方面調查，對兒童進行性犯罪的嫌疑犯當中，有百分之九十是兒童認識的人。家長應特別提醒家中的女孩子不要單獨外宿，或隨便跟異性到任何地方去。

◆要學會大聲呼叫。小孩子身單力薄是打不過侵犯者的，因此不用教一個小孩子如何用拳腳打敗侵犯者，但是孩子卻能做許多吸引周圍人注意力的事情。比如：大聲呼喊：「救命！他不是我的爸爸！」騎自行車的孩子可以利用自行車爲掩護物，讓罪犯難以將你劫持走，同時大聲呼救，這樣會引起圍觀者的注意和警惕，爭取得到救助的可能。

◆要勇敢地說：「不！」每位父母都想培養一個有教養的孩子，但也應讓孩子知道，什麼時候可以打破常規。比如，假如有人威脅逼迫孩子做無禮或危險的事時，要勇於說「不！」

◆讓孩子盡情傾訴。在日常生活中，父母與孩子要經常進行交流。如果孩子對某人有所不滿，家長不要應付式的說，不許說某人壞話，而要和孩子一起予以分析，這樣孩子才能暢所欲言。一旦他遇到不愜意的事，或有人搔擾了他，孩子才能夠向他所信賴的人盡情地傾訴。孩子知道有人時刻在關心著他，就能減輕心理壓力，減輕心理傷害，並能及時讓壞人得到應得的懲治。

◆明確不可觸摸的地方。孩子到了四五歲，家長就應向孩子說明泳衣遮蓋的部位是個人的隱私區，任何人都無權接觸。即使是醫生作檢查，也應要求監護人在場監督。這是兒童的正當權利。

◆讓孩子意識到能幫你的人很多。遇到麻煩找警察，是最基本的常識，但僅此還不夠。假如警察不在附近，孩子就不會求助於任何人。還應讓孩子知道，公園、商店、電影院等地方的工作人員都可以求助，多一個機遇就多了一個生存的希望。

◆注意來自網路的危險。無論家裡有沒有電腦設備，家長都應告訴孩子注意電腦領域的安全事項也非常重要。孩子可能在學校、圖書館和同學的家裡上網，因此，應告訴孩子要注意保守家庭及個人的一些祕密，不要輕易約見在網上結識的任何人。

◆培養健康的興趣。家長要加強對孩子的行爲監護，培養孩子的健康興趣。要求孩子不過度消費，不吸煙，不喝酒，不接觸渲染淫穢、暴力、迷信等不良影視作品和書刊，不參加危害身心健康的遊戲活動。不進入營業性網咖、夜店、電子遊樂場等未成年不宜進入的場所。堅決遠離和抵制毒品。

好媽媽會反思：與其責備，不如給他機會

生活成長系列 49

很多父母在孩子犯了錯誤時，總是怒氣沖沖的，
其實，這時候教育孩子，大多數的父母都只是在發洩自己這種憤怒的情緒，而很少去考慮孩子的感受……

當孩子犯錯誤的時候，先不要怒斥孩子的錯誤行為，而是先心平氣和的說出自己的感受，這樣，孩子才能從家長的話中，意識到自己所犯的錯誤對他人造成的影響，進而心甘情願的主動認錯。
孩子不知道認錯，其實是大多數時候家長沒有給他們機會！

※為保障您的權益，每一項資料請務必確實填寫，謝謝！

姓名		性別	□男 □女
生日	年 月 日	年齡	
住宅地址	郵遞區號□□□		
行動電話		E-mail	

學歷

□國小 □國中 □高中、高職 □專科、大學以上 □其他＿＿＿＿

職業

□學生 □軍 □公 □教 □工 □商 □金融業
□資訊業 □服務業 □傳播業 □出版業 □自由業 □其他＿＿＿＿

謝謝您購買 父母要學會放手：別讓孩子變媽寶 與我們一起分享讀完本書後的心得。務必留下您的基本資料及電子信箱，使用我們準備的免郵回函寄回，我們每月將抽出一百名回函讀者，寄出精美禮物以及享有生日當月購書優惠！想知道更多更即時的消息，歡迎加入"永續圖書粉絲團"

您也可以使用以下傳真電話或是掃描圖檔寄回本公司電子信箱，謝謝！

傳真電話：（02）8647-3660　電子信箱：yungjiuh@ms45.hinet.net

●請針對下列各項目為本書打分數，由高至低5～1分。

	5 4 3 2 1		5 4 3 2 1
1. 內容題材	□□□□□	2. 編排設計	□□□□□
3. 封面設計	□□□□□	4. 文字品質	□□□□□
5. 圖片品質	□□□□□	6. 裝訂印刷	□□□□□

●您購買此書的地點及店名＿＿＿＿＿＿＿＿

●您為何會購買本書？

□被文案吸引 □喜歡封面設計 □親友推薦 □喜歡作者
□網站介紹 □其他＿＿＿＿＿＿＿＿

●您認為什麼因素會影響您購買書籍的慾望？

□價格，並且合理定價是＿＿＿＿ □內容文字有足夠吸引力
□作者的知名度 □是否為暢銷書籍 □封面設計、插、漫畫

●請寫下您對編輯部的期望及建議：

告 回 信
隆郵局登記證
廣字第200132號

221-03
新北市汐止區大同路三段194號9樓之1
傳真電話：（02）8647-3660
E-mail：yungjiuh@ms45.hinet.net

培育
文化事業有限公司

讀者專用回函

父母要學會放手：
別讓孩子變媽寶

培養文化育智心靈的好選擇